U0690159

新时代乡村振兴战略理论与实践研究

刘　阅◎著

中国原子能出版社

图书在版编目（CIP）数据

新时代乡村振兴战略理论与实践研究 / 刘阅著. --

北京：中国原子能出版社，2023.9

ISBN 978-7-5221-3066-8

Ⅰ. ①新… Ⅱ. ①刘… Ⅲ. ①农村–社会主义建设–

研究–中国 Ⅳ. ①F320.3

中国国家版本馆 CIP 数据核字（2023）第 193203 号

新时代乡村振兴战略理论与实践研究

出版发行	中国原子能出版社（北京市海淀区阜成路 43 号　100048）
责任编辑	杨晓宇
责任印制	赵　明
印　　刷	北京天恒嘉业印刷有限公司
经　　销	全国新华书店
开　　本	787 mm×1092 mm　1/16
印　　张	12
字　　数	209 千字
版　　次	2023 年 9 月第 1 版　2023 年 9 月第 1 次印刷
书　　号	ISBN 978-7-5221-3066-8　　　定　价　72.00 元

网址：http://www.aep.com.cn　　　　**E-mail：atomep123@126.com**

发行电话：010-68452845　　　　　　　版权所有　侵权必究

前　言

　　2017年10月，党的十九大报告作出中国特色社会主义进入新时代的科学论断，指出我国经济已由高速增长阶段转向高质量发展阶段，明确了建设社会主义现代化强国的宏伟目标，并首次提出实施乡村振兴战略，在我国"三农"发展历史进程中具有重要的里程碑意义。自2004年以来，历年中央一号文件主题均是关于农村、农业、农民的问题，各地方政府在推动新农村建设、城乡统筹和美丽乡村建设等方面做了大量的有益探索和改革创新。鉴于我国农村面积广大、人口众多，农村发展的差异性和多样性特征明显，特别是随着工业化、城镇化进程的快速推进，城乡发展不平衡、大量乡村凋敝、生态环境恶化、传统文化衰落、农村社会治理难度加大等现实问题也更加突出。我国建设社会主义现代化强国最大的短板和最艰巨繁重的任务在农村，人民日益增长的美好生活需要和不平衡、不充分的发展之间的矛盾突出表现在农村，但实现现代化最广泛和最深厚的基础、最大的潜力和后劲也在农村。因此，城乡关系重塑、乡村全面振兴就显得格外迫切。

　　在内容上，本书共分为六个章节，第一章为乡村振兴战略概述，主要就我国乡村建设发展历程、乡村振兴战略的背景与提出、乡村振兴战略的内容与意义、乡村振兴战略的理论依据与现实基础、乡村振兴战略的理论特征与思维拓展五个方面展开论述；第二章为基于乡村振兴的文化振兴探究，主要围绕乡村文化传承与发展的价值与困境、国外乡村文化发展的经验借鉴、乡村振兴战略的文化振兴路径、乡村文化助推文化振兴的典型事例四个方面展开论述；第三章为基于乡村振兴的产业振兴研究，依次介绍了乡村产业振兴的发展现状、乡村产业振兴的意义与原则、基于乡村振兴的产业振兴路径、特色乡企助推产业振兴的典型事例四个方面的内容；第四章为基于乡村振兴的组织振兴解析，依次介绍了乡村组织的总体概况、乡村基层党组织的发展现状、基于乡村振兴的组织振兴路径、乡村党支部助推组织振兴的典型事例四个方面的内容；第五章

为基于乡村振兴的生态振兴研究，依次就乡村生态振兴的问题与原因、乡村生态振兴的机遇与挑战、基于乡村振兴的生态振兴路径、美丽乡村助推生态振兴的典型事例四个方面内容展开讨论；第六章为基于乡村振兴的人才培养与民生振兴研究，主要从乡村人才培养的重要意义、乡村人才队伍建设的有效措施、乡村民生振兴的现状分析、基于乡村振兴的民生振兴路径四个方面展开研究。

在撰写本书的过程中，笔者得到了许多专家学者的帮助和指导，参考了大量的学术文献，在此表示真诚的感谢。本书内容系统全面，论述条理清晰、深入浅出，但由于笔者水平有限，书中难免存在疏漏之处，希望广大读者批评指正。

目　录

第一章
乡村振兴战略概述

本章为乡村振兴战略概述，主要就我国乡村建设发展历程、乡村振兴战略的背景与提出、乡村振兴战略的内容与意义、乡村振兴战略的理论依据与现实基础、乡村振兴战略的理论特征与思维拓展五个方面展开论述。

第一节　我国乡村建设发展历程

中国从古至今作为农业大国，农耕历史源远流长。作为中国农耕历史的载体——乡村，经历过波澜壮阔的发展与变革，在沧海横流里既有大跨步地前进，也曾有曲折，它的历史成为世界乡村发展史中最具有故事性的片段之一。

中国近代社会时期，乡村的发展是在内忧外患的情况下进行的。第一次鸦片战争后，中国的封建地主及西方列强对中国农民实行了双重的压榨，连年的军阀混战、自然灾害等因素导致农村劳动力大量流失，农业凋敝，中国农村遭到了极大的破坏，百姓食不果腹。在这种局势下，中国共产党领导农民开展土地革命。同时，一批知识分子为救国也进行着各种乡村建设运动，如梁漱溟的乡村建设运动及河北定县晏阳初的"定县实验"等，目的主要是实现乡民合作，推进乡村发展，但是这并不能挽救中国农村贫困落后的总体局面。

中华人民共和国建立后，在中国共产党的领导下，中国乡村建设实现了从赶上时代到引领时代的伟大跨越。在不同阶段，农村改革与发展的路径也在不断深化与完善：从土地改革时期、农业合作化时期，到实行家庭联产承包责任制、取消农业税，再到城乡统筹阶段，打赢脱贫攻坚战、实施乡村振兴战略，农村各方面的发展从总体上呈现出较稳定的趋势，基础设施不断完善、环境越发美丽、农村百姓越发富足。然而，中国乡村在建设发展中仍然存在各种各样

的问题，这些问题制约着中国乡村的全面平衡发展。中国共产党因势利导，根据中国乡村的现状与发展实际，在十八大适时提出乡村振兴战略。在党的战略指引下，乡村建设与发展走上了快车道。

一、1949—1978 年：农村改革起始阶段

中国农村在该阶段主要经历了两次比较重大的改革：一是开展土地改革；二是实行农业合作社，开展农业合作化运动。

1949 年至 1952 年，为解放广大劳动人民的生产力，我国在新解放区开展了大规模的土地改革运动。1950 年 6 月，《中华人民共和国土地改革法》出台，其目的主要是在全国范围内废除封建土地制度，建立农民土地所有制，解放农村生产力。到了 1952 年年底，在占全国人口一半多的农村，党领导农民完成了土地革命。土地革命的开展保护了不同层次的农民的利益，发展了农业生产，农业经济作物产量有了很大的提升。但是，土地改革建立起来的仍是农民占有小块土地的农民个体经济，并且当时我国生产方式和生产工具都较为落后，农业基础设施缺乏，难以满足工业化和城镇化建设对农产品的需求，于是，我国开始了对农村进入社会主义集体经济的实践探索。

在我国社会主义改造时期，通过农业合作化，把农民引导到社会主义道路上来。1953 年，中共中央通过《关于发展农业生产合作社的决议》。经过从低到高三个步骤的社会主义改造，到 1956 年年底，高级社达到 54 万个，入社农户占到农户总数的 87%[①]，基本完成了土地从私有制向公有制的转变。农业合作化实现了农业集体化，符合社会主义发展方向，这在当时适应了社会化大工业发展的需求[②]。

1958 年至 1978 年是人民公社时期。1958 年 8 月，中共中央政治局扩大会议通过了《关于在农村建立人民公社问题的决议》，要求人民公社快速发展，手工业、加工业、运输业等非农产业一并实现集体化，管理体制上社营、队营并存，统称为"社队企业"。在该阶段，我国农业农村还实行农业统购统销制度和城乡户籍制度改革。1953 年到 1954 年，陆续出台并实行对粮食、棉花等

① 邱家洪. 中国乡村建设的历史变迁与新农村建设的前景展望 [J]. 农业经济，2006（12）：3-5.

② 王国敏，何莉琼. 新中国成立以来的农村改革：政策变迁、成就与经验 [J]. 井冈山大学学报（社会科学版），2020，41（03）：5-12.

农作物的农业计划收购和供应的政策文件。农业统购统销制度体系保障了工业化和城镇化的建设发展，在人民公社化结束时，我国建立了完整的工业体系。但是，人民公社化挫伤了农民的生产积极性，平均生产的作业方式没有释放农民的劳动力，生产率低下的问题仍然是中国乡村发展的巨大阻碍。

二、1978—2001 年：农村探索推进阶段

在这个阶段，以"包产到户""包干到户"为主要形式的家庭联产承包责任制开始在我国农村推行。1984 年，经中央确立，逐步形成了以家庭承包经营为基础、统分结合的双层经营体制。该经济体制被确立为我国农村的基本经济制度，也是中国农村极具历史性意义的制度改革之一。

1978 年，为改变人民公社带来的农村经济发展停滞、农民生活贫困的现状，安徽凤阳县小岗村实行集体土地"包干到户"，拉开了我国农村土地制度改革的序幕。1980 年，中共中央颁布《关于进一步加强和完善农业生产责任制的几个问题》，肯定了包产到户的做法。1983 年，家庭联产承包责任制被写进《中华人民共和国宪法》修正案。1984 年，中央一号文件规定土地承包期一般为 15 年。至此，农民的主观能动性得以释放。

在农业生产方面，由于粮食所有制度的改变，我国粮食生产实现大幅度增产。在非农产业方面，乡镇企业异军突起，乡村工业化快速推进，开启了具有中国特色的乡村工业化道路。在乡村居民就业方面，乡镇企业为"离土不离乡、进厂不进城"就地转移的两栖就业模式提供了条件。1993 年，乡镇企业股份合作制改革得到全面推进，乡镇企业历经产权制度改革，转变为支撑乡村经济的现代企业。乡镇企业的发展为乡村劳动力的转移和城镇化发展提供了条件。然而，在发展"两个大局"的战略背景下，农村资源流向东部地区的大中城市，国家改革重心再次向城市和工业倾斜。城市化和工业化的快速发展，在一定程度上给农村的发展带来了阻碍，人才、资本和技术的流失，使得农业在国民生产总值中的比重不断减少，城乡差距日益扩大，"三农"问题成了社会的普遍共识[①]。

---

① 蒋和平. 改革开放四十年来我国农业农村现代化发展与未来发展思路 [J]. 农业经济问题，2018（08）：51-59.

三、2002—2012 年：城乡统筹阶段

21 世纪初，针对城乡差距日益拉大这一状况，党中央及时提出了"两个趋向"的重要论断，制定了农村"多予少取放活"的方针。

同时，随着农村经济与社会发展，农村基层财政压力增大，农民负担过重，不合理的"集资、摊派、收费"成为农村税费的三大问题。2003 年，国务院发布《关于全面推进农村税费改革试点工作的意见》，在全国正式拉开了农村税费改革的序幕。2004 年，中央一号文件聚焦农民增收，这一时期我国农业农村重点工作围绕农业综合生产能力提升、社会主义新农村建设、加强农业基础设施建设、发展现代农业等主题展开，侧重统筹城乡一体化发展。2005 年 8 月，习近平同志在考察浙江湖州安吉时提出"绿水青山就是金山银山"的科学论断，剖析了经济与生态的相互关系。"两山理论"强调了农村经济发展需要立足生态环境保护。同年 10 月，党的十六届五中全会提出建设社会主义新农村的重大历史任务，即保障落实农村"生产发展、生活宽裕、乡风文明、村容整洁、管理民主"的具体要求。2005 年是农村发展的重要一年，国家围绕推进社会主义新农村建设提出许多政策及具体落实措施，各省市纷纷响应，制订美丽乡村建设行动计划并付诸实施。2006 年，党中央正式宣布在全国范围内全面废除农业税，这标志着中国延续了两千多年的农民缴纳农业税的历史宣告结束，农业农村的发展进入了崭新的历史起点。同时，随着政策的调整，我国农业产业结构不断优化，粮食安全得到保障，城乡居民收入差距不断缩小，农村基础设施和生活环境不断改善，农村社会事业和社会保障体系不断完善。

在这一阶段，中国乡村建设与发展的重要性得到了一定的重视，但仍然难以与快速发展的城市相媲美，中国发展的重任仍落在城市。农村基础设施历史欠账较多，城乡公共服务水平差距依然较大，乡村发展在我国东西部区域出现显著差异，东部沿海地区逐步大力开展美丽乡村建设，整治农村人居环境；西部地区大部分乡村仍然贫困落后，发展缓慢。同时，由于我国乡村建设和发展的理论与实践经验都不完备，故这一时期各种理论与思路如雨后春笋般形成，但由于大多数理论不具有完整的理论体系和深度，难以指导中国乡村建设与发展的实践工作。乡村的发展陷入了停滞彷徨期。

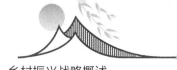

四、2012 年至今：全面深化阶段

党的十八大以来，面对错综复杂的国内外发展环境，党中央、国务院始终把解决好"三农"问题作为工作的重中之重。2013 年，中共十八届三中全会审议通过《中共中央关于全面深化改革若干重大问题的决定》，提出了全面深化改革的指导思想、目标任务和重大原则。针对农村问题主要聚焦在以下三个方面。

一是建立精准扶贫机制。2013 年以来，以习近平同志为核心的党中央高度重视扶贫工作。同年，习近平在湘西考察时首次提出"精准扶贫"理念。2016 年，国务院印发《"十三五"脱贫攻坚规划》。2018 年，中共中央、国务院发布《关于打赢脱贫攻坚战三年行动的指导意见》，明确了脱贫攻坚的总体要求，更加有效地推动了脱贫攻坚的开展。

二是实施农村土地承包地"三权分置"。2014 年，中央一号文件首次提出集体所有权、农户承包权和土地经营权三权分离的政策思想。同年 11 月，中共中央办公厅、国务院办公厅印发了《关于引导农村土地经营权有序流转发展农业适度规模经营的意见》，正式提出"三权分置"的政策规定，明确土地经营权的目标指向。

三是推进农业供给侧结构性改革。2017 年中央一号文件《中共中央、国务院关于深入推进农业供给侧结构性改革加快培育农业农村发展新动能的若干意见》印发并实施，通过调结构、转方式、促改革来推进农业供给侧结构性改革，实现农业增效、增收，这是推进农业发展进行的理论创新。

进入 21 世纪以来，国家对"三农"的投入力度不断增大，有力助推了"三农"工作的理论创新、实践创新、制度创新，开创了农业生产连年丰收、农民生活显著改善、农村社会和谐稳定的新局面，为乡村振兴战略的制定和实施奠定了扎实基础。然而，从目前来看，相对于城市发展而言，乡村发展仍然滞后，农村空心化问题更加凸显，乡村景观与生态安全严重受损，乡风文明与治理也有缺失的地方。

在发展的浪潮中，时代呼唤着强有力的国家乡村战略成为引领中国乡村建设与发展的总纲领，将发展的思路凝练成实际发展方向与路径。为此，2018 年，党的十九大在总结城乡发展关系的基础上，审时度势地提出了乡村振兴战

略，并从政策层面积极推进城乡融合发展①。中国乡村建设发展历程如表 1-1 所示。

表 1-1　中国乡村建设发展历程

中国农村发展阶段划分	重要改革	相关政策	贡献	不足
改革发展起始阶段（1949—1978 年）	土地改革运动	1950 年《中华人民共和国土地改革法》	保护了不同层次农民的利益，发展了农业生产	小块土地的农民个体经济难以满足工业化和城镇化对农产品的需求
	农业合作化	1953 年《关于发展农业生产合作社的决议》	完成了土地从私有制向公有制的转变，实现了农业集体化，适应了社会大工业发展需求	实行城市乡村剪刀差的经济策略，导致农业生产只能维持在简单再生产的水平
	人民公社化	1958 年《关于在农村建立人民公社问题的决议》	保障了工业化和城镇化的建设发展，建立了完整的工业体系	挫伤了农民的生产积极性
探索推进阶段（1978—2001 年）	家庭联产承包责任制时期	1980 年《关于进一步加强和完善农业生产责任制的几个问题》；1983 年《中华人民共和国宪法》修正案；1984 年中央一号文件	适应了农村生产力的发展要求，促进了农业劳动生产效率的提高，开启了中国特色乡村工业化道路	改革重心向城市和工业倾斜，城乡差距日益扩大
城乡统筹阶段（2002—2012 年）	"两个趋向"重要论断	2003 年《关于全面推进农村税费改革试点工作的意见》；2004 年中央一号文件；2005 年"绿水青山就是金山银山"的科学论断；2006 年《中华人民共和国国民经济和社会发展第十一个五年规划纲要》	农业产业结构不断优化，农村社会事业及社会保障体系不断完善	乡村在东西部区域出现显著差异
	农村税费改革			
	"两山理论"的科学论断			
	社会主义新农村建设			
全面深化阶段（2012 年至今）	精准扶贫	2014 年《关于引导农村土地经营权有序流转发展农业适度规模经营的意见》；2016 年《"十三五"脱贫攻坚规划》；2017 年《中共中央、国务院关于深入推进农业供给侧结构性改革加快培育农业农村发展新动能的若干意见》	为乡村振兴战略的制定和实施奠定了扎实的基础	

---

① 蒋和平. 改革开放四十年来我国农业农村现代化发展与未来发展思路 [J]. 农业经济问题，2018（08）：51-59.

第二节　乡村振兴战略的背景与提出

一、乡村振兴战略的背景

随着中国社会经济整体的高速发展，特别是在改革开放 40 多年来，中国乡村各方面均取得了长足的发展，但底子薄、情况复杂的基本局面尚未改变；其在产业、生态、政治、社会、文化等方面都还发展不充分，特别是在城镇化快速发展的大背景下，城乡发展的不平衡更暴露出了中国乡村今后可持续发展的短板。中华民族要实现"两个一百年"奋斗目标，在新时代背景下，乡村振兴战略的出台与发展就显得必不可少与刻不容缓。

（一）时代的背景

在中国 5000 年历史的发展进程中，但凡农业发展得好，则此朝代多数繁荣富强，国力强盛。因此，历代王朝都将农业问题视为安邦定国最重要的因素。历史发展到 21 世纪的今天，在解决城市问题的同时，农民问题是实现中华民族伟大复兴的关键一步。习近平总书记曾说，"小康不小康，关键看老乡"[①]，只有贫困地区真正彻底脱贫了，才能全面实现小康；只有农业经济科学发展了，农村变美变好了，广大农民群众都富有了，农业强、农村美、农民富，社会主义现代化强国才有可能真正实现，伟大的民族复兴才算真正完成。

（二）经济的背景

1. 农村宏观经济发展出现矛盾

农业供给侧矛盾长期存在。改革开放 40 多年来，工业化与城镇化两部巨型机器牵引着中国经济不断向前冲，广大农村得到了空前发展，生产能力有了长足的提升。然而，由于市场机制等诸多因素，当前我国农业单位成本高，劳动生产率低，农民收入增长乏力，有效供给不足，低效无效供给过剩，市

---

① 求是网. 小康不小康，关键看老乡［EB/OL］.（2020-07-16）［2023-03-15］. https://baijiahao.baidu.com/s?id=1672354558868219983&wfr=spider&for=pc.

场竞争能力弱，供给侧与需求侧长期处于矛盾状态。中共中央农村工作会议于 2015 年 12 月 24 日至 25 日在北京召开。会议强调，要着力加强农业供给侧结构性改革，提高农业供给体系质量和效率，使农产品供给数量充足，品种和质量契合消费者需要，真正形成结构合理、保障有力的农产品有效供给体系。

粮食安全问题日益紧张。在大量的农村劳动力前仆后继地奔向城镇的同时，部分农村却变得凋敝，农村劳动力相对性短缺，部分地区大量土地荒废，无人耕种；加之我国农村土地制度具有特殊性，大量农村土地零散分布于个体农民手里，这给规模化农业的发展带来了阻力，制约了农业的现代化进程。与此同时，中国的粮食面临着进口需求量大、水土资源制约性强等问题，整体上粮食安全问题日益紧张。

解决中国整体经济面临的转型问题迫在眉睫，而农村问题首当其冲，只有从本质上解决农村问题，中国经济的顺利转型才有可能真正实现。

2. 中国城镇化进程存量比例递减

城镇化是国家现代化的重要指标之一，经过改革开放 40 多年来的高速发展，中国城镇化进程取得了长足的发展，而城镇化也是拉动中国高速发展的重要动力。据《中华人民共和国 2019 年国民经济和社会发展统计公报》显示：至 2019 年年末，全国城镇化总人口约 84 843 万，人口城镇化率达到 60.60%，比上年同比增长 1.02 个百分点[①]。从已有的数据来看，2018 年全球平均城镇化率为 55%，其中发达国家平均城镇化水平约为 80%。由此粗略估算，在我国建成社会主义现代化强国的进程中，城镇化的存量比例将日益递减。

2019 年年末，中国城镇化率已经跨过 60% 中收入国家的门槛了，接下来，城镇化的速率将会逐步放缓[②]。

3. 中国经济增长模式转变的需要

我国经济从粗放型增长向生态文明型科学增长模式转变。城镇化作为中国高速发展的核心动力之一，刺激了投资、城市建设等指标的飙升。从改革开放

---

① 国家统计局. 中华人民共和国 2019 年国民经济和社会发展统计公报［EB/OL］.（2020-02-28）［2023-03-15］. http://www.stats.gov.cn/tjsj/zxfb/202002/t20200228_1728913.html.

② 新浪网. 我国城镇化率超过 60%，与美国、日本、俄罗斯、印度相比如何呢？［EB/OL］.（2021-04-19）［2023-03-15］. http://k.sina.com.cn/article_6862376589_199078e8d001023afz.html.

至今，中国经济发展经历了两个大阶段：第一阶段，从 1978 年开始实行改革开放至 2011 年，这个阶段属于高速增长阶段；第二阶段，从 2012 年起，中国进入了高质量（中国特色新型城镇化）增长阶段。这意味着传统上以牺牲环境为代价的粗放型增长模式开始转变为生态文明型发展模式。在这种新模式背景下，城乡统筹发展就被提升到了新的高度。而由于 2019 年中美贸易摩擦造成出口严重受阻的局面，经济增速阻力不断增大，要保持中国的高质量发展，乡村无疑是一个广阔的新天地。

4. 较大的城乡区域发展差距

中国城乡区域发展在产业、教育投入、城乡居民收入、医疗配套、消费、就业环境等方面的差异都较大。其中，城乡收入支出比最能直接反映城乡之间的差距情况。根据 2019 年 7 月国家统计局公布的数据：全国居民人均可支配收入的中位数为 13 281 元，城镇居民人均可支配收入为 21 342 元，实际增长 5.7%；农村居民人均可支配收入为 7 778 元，实际增长 6.6%。城乡居民人均可支配收入比值为 2.74。2019 年上半年，全国居民人均消费支出 10 330 元。其中，城镇居民人均消费支出 13 565 元，增长 6.4%，排除价格因素，实际增长 4.1%；农村居民人均消费支出 6 310 元，增长 8.7%，排除价格因素，实际增长 6.4%。城乡居民人均消费支出比为 2.15。从数据分析可以得知，城乡区域发展差距虽然在不断缩小，但差距依旧是明显且较大的。

（三）现实的背景

在今天的中国，乡村同城市一样，在改革的浪潮中也得到了高速发展，出现了翻天覆地的改变。但与此同时，城乡发展的不平衡问题日益严峻和凸显；在现代商业模式的冲击下，乡村的生态环境、村落风貌等受到不同程度的破坏，传统的乡村民风与优秀乡绅文化日益凋亡，乡村成了记忆中的籍贯，沦为回不去的精神回忆。

中国的乡村文化是伴随着城乡发展路径形成、发展、变化的，乡村就是中国传统文化的发源地。新时代背景下，我们追求中国文化的自信回归，最终目的就是实现"文化灵魂"的自信。无疑，灵魂之地在于农村。只有当我们这片国土上所有的农民都文化自信了，那么，中华文化的复兴才算真正完成。

（四）理论的背景

中国历代以农业为治国的首要任务。自中华人民共和国成立以来，党和国家更是始终把"三农"问题作为重中之重来对待。从习近平同志于 2003 年在浙江实施的"千村示范万村整治"行动，到 2007 年 10 月，党的十七大会议提出要统筹城乡发展，推进社会主义新农村建设，再到"十二五"期间（2011—2015 年）受安吉县"中国美丽乡村"建设的成功影响，浙江省制定了《浙江省美丽乡村建设行动计划》，10 多年来，从中央到地方，各地美丽乡村建设的实践以及理论的研究为乡村振兴战略提供了充分有力的系统理论基础。

二、乡村振兴战略的提出

"农，天下之大业也。"党的十八大以来，面对我国经济发展进入新常态带来的深刻变化，以习近平同志为核心的党中央推动"三农"工作理论创新、实践创新、制度创新，坚持把解决好"三农"问题作为全党工作重中之重，切实把农业农村优先发展落到实处；坚持立足国内、保证自给的方针，牢牢把握国家粮食安全主动权；坚持不断深化农村改革，激发农村发展新活力；坚持把推进农业供给侧结构性改革作为主线，加快提高农业供给质量；坚持绿色生态导向，推动农业农村可持续发展；坚持在发展中保障和改善民生，让广大农民有更多获得感；坚持遵循乡村发展规律，扎实推进生态宜居的美丽乡村建设；坚持加强和改善党对农村工作的领导，为"三农"发展提供坚强政治保障。这些重大举措和开创性工作，推动农业农村发展取得历史性成就、发生历史性变革，为党和国家事业全面开创新局面提供了有力支撑。

一方面，农业供给侧结构性改革取得新进展，农业综合生产能力明显增强，全国粮食总产量连续 5 年保持在 1.2 万亿斤以上，农业结构不断优化，农村新产业、新业态、新模式蓬勃发展，农业生态环境恶化问题得到初步遏制，农业生产经营方式发生重大变化。农村改革取得新突破，农村土地制度、农村集体产权制度改革稳步推进，重要农产品收储制度改革取得实质性成效，农村创新创业和投资兴业蔚然成风，农村发展新动能加快成长。城乡发展一体化迈出新步伐，5 年间 8 000 多万农业转移人口成为城镇居民，城乡居民收入相对差距缩小，农村消费持续增长，农民收入和生活水平明显提高。脱贫攻坚开创新局

面，贫困地区农民收入增速持续快于全国平均水平，集中连片特困地区内生发展动力明显增强，过去 5 年累计 6 800 多万贫困人口脱贫。农村公共服务和社会事业达到新水平，农村基础设施建设不断加强，人居环境整治加快推进，教育、医疗卫生、文化等社会事业快速发展，农村社会焕发新气象。

另一方面，应当清醒地看到，当前我国农业农村基础差、底子薄、发展滞后的状况尚未根本改变，经济社会发展中最明显的短板仍然在"三农"，现代化建设中最薄弱的环节仍然是农业农村。主要表现在如下方面：农产品阶段性供过于求和供给不足并存，农村一、二、三产业融合发展深度不够，农业供给质量和效益亟待提高；农民适应生产力发展和市场竞争的能力不足，农村人才匮乏；农村基础设施建设仍然滞后，农村环境和生态问题比较突出，乡村发展整体水平亟待提升；农村民生领域欠账较多，城乡基本公共服务和收入水平差距仍然较大，脱贫攻坚任务依然艰巨；国家支农体系相对薄弱，农村金融改革任务繁重，城乡之间要素合理流动机制亟待健全；农村基层基础工作存在薄弱环节，乡村治理体系和治理能力亟待强化。

在此背景下，2017 年 10 月 18 日，党的十九大报告作出中国特色社会主义进入新时代的科学论断，首次提出乡村振兴战略，并将其列为决胜全面建成小康社会需要坚定实施的七大战略之一写入党章，在我国"三农"发展过程中具有划时代的里程碑意义。实施乡村振兴战略是新时代"三农"工作的总抓手，同时，实施乡村振兴战略是建设社会主义新农村的升级版战略，是顺应当前社会主要矛盾变化的迫切要求，是决胜全面建成小康社会进而全面建设社会主义现代化强国的客观需求，也是由中国共产党的神圣使命决定的。

习近平总书记和党中央关于实施乡村振兴战略的思想，是以习近平同志为核心的党中央着眼全局，顺应亿万农民对美好生活新期待做出的重大决策部署，是习近平新时代中国特色社会主义思想在"三农"领域的集中体现，也是科学把握社会主义现代化建设规律和工农关系、城乡关系演变趋势，结合中国特色社会主义进入新时代的阶段特征和社会主要矛盾变化，推动"三农"领域理论创新、实践创新和制度创新而产生的丰硕成果。

全党和全国各族人民必须深入贯彻习近平新时代中国特色社会主义思想和党的十九大精神，在认真总结农业农村发展历史性成就和历史性变革的基础上，准确研判经济社会发展趋势和乡村演变发展态势，切实抓住历史机遇，增

强责任感、使命感、紧迫感，把乡村振兴战略实施好。

第三节　乡村振兴战略的内容与意义

一、乡村振兴战略的内容

（一）坚持城乡融合发展

落实乡村振兴战略，走城乡融合发展之路，必须将工业与农业、城市与乡村、城镇居民与农村居民作为一个整体纳入全面建成小康社会和现代化建设的全过程中。要明确乡村在全面建成小康社会和现代化建设中的突出地位，从根本上改变以工统农、以城统乡、以扩张城市减少农村减少农民的发展路径，明确城乡融合发展是实施乡村振兴战略，推进农业、农村现代化的有效途径。进一步理顺工农城乡关系，按照产业兴旺、生态宜居、乡风文明、治理有效、生活富裕的总要求，建立健全城乡融合发展体制机制和政策体系，统筹推进农村产业发展、生态优化、文化传承、社会建设和组织建设。加快推进乡村治理体系和治理能力现代化，在干部配备上优先考虑、在要素配置上优先满足、在资金投入上优先保障、在公共服务上优先安排，以补齐农业农村发展的短板，缩小城乡差距，实现城乡平衡、充分发展。

（二）完善农村基本经营制度

稳定农村土地承包关系是中共中央确立的农村承包土地"三权"分置改革的制度基础。把农户承包经营权落实到地块，使农户承包地权属更加明晰，农民流转承包地就能更踏实，利益预期就能更明确，农户才能放心流转、稳定流转。巩固和完善农村基本经营制度是构建现代农业产业体系的基石。巩固和完善农村基本经营制度就可以不断推进农业经营体制创新，不断壮大农村新型经营主体，加快农业经营方式实现"两个转变"，即家庭经营向采用先进科技和生产手段方向转变，增加技术、资本等生产要素投入，着力提高集约化水平；统一经营向发展农户联合与合作，形成多元化、多层次、多形式经营服务体系方向转变。当前，要壮大集体经济，增强集体组织服务功能，培育农民新型合

作组织，发展各种农业社会化服务组织，鼓励龙头企业与农民建立紧密型利益联结机制。充分尊重农民的意愿，把小农户经营引入现代农业规模化、集约化的发展轨道上来。

（三）促进人与自然和谐共生

乡村的永续发展以自然资源的永续利用和良好的生态环境为基础。绿色发展能保护好、积蓄好、奠定好宜耕宜牧的土壤环境、宜饮宜灌的水体环境、宜呼宜吸的大气环境等，从而为农业永续发展提供不竭动力。实现乡村绿色发展，要着力构建绿色农业产业结构。根据市场需求推进农业结构调整，依靠科技引领推进农业转型升级，增加绿色优质农产品供给，逐步建立起增收效果好、环境效益高、可持续发展的产业结构体系。打造生态宜居乡村环境，加强农村突出环境问题综合整治，统筹山水林田湖草系统治理，以绿色发展引领生态振兴，重点解决土壤修复、污水治理、垃圾处理、旱厕改造等难题。充分发掘、创新性继承发展乡村传统绿色文化，建立绿色发展支持体系，促进乡村绿色发展的补贴政策体系及市场化、多元化生态补偿机制不断完善。做好宣传工作，引导更多人树立绿色发展理念，促进其自觉参与绿色发展实践。完善执法队伍，确保执法到位，营造良好的法治保障。

（四）传承发展农耕文明

乡村振兴离不开文化振兴，传承乡土文化就是留住华夏文明之魂。要深化对乡村文化价值的认识与理解，增强对传统乡土文化的认同感和信心，让有形文化留得住、活态文化传下去，焕发新的魅力。要高度重视古村落保护，挖掘和展示其独有的文化内涵，在确保当地百姓的生活更加便利的同时，科学、合理地编制古村落保护发展规划，既要让有形的乡村文化留得住，还要让活态的乡土文化传下去。对广袤农村孕育出的民间艺术、戏曲曲艺、手工技艺等非物质文化遗产，要将大力保护传承和开发利用有机结合，实现活态传承和经济发展双赢，让历史悠久的乡土文化在新时代焕发出新的魅力和风采。要科学引导乡村移风易俗，坚持用农民易于接受的形式进行宣传，让文明新风成为乡风主流。坚持把老百姓身边的好故事、好榜样讲出来、演出来、唱出来，让新风尚在广阔乡村生根发芽。

（五）健全乡村治理体系

乡村善治与否关系到乡村的和谐稳定和国家的长治久安。随着工业化、城镇化步伐加快以及农村社会流动性的不断加大，部分农村已经出现了空心化状态，给乡村治理带来了新的挑战。为了给乡村振兴营造一个和谐、安宁的社会环境，要努力做到以自治实现乡村治理共建格局、以法治实现乡村治理共治格局、以德治实现乡村治理共享格局的"三治融合"。要切实解决好农民权益保护、农村空心化、农村基础设施和公共事业发展滞后、村民自治实践不够完善、乡村治理主体的参与度不高、"返乡族"作用的充分发挥等问题，就必须充分调动农民的积极性、主动性与创造性，发挥乡贤领头羊、带头人、中介与桥梁的作用。加强基层自治组织体系的制度建设和乡村党组织建设，强化党在乡村社会中执政的组织基础，积极引导村民自治，组织和调动相关道德权威人物的力量调解矛盾纠纷。创新村民自治的组织形式，鼓励乡村社会组织的发展，持续推进民主法治村、社的创建，通过发现典型、梳理经验，推动法治在基层落地生根、开花结果。创新村干部工作方式，不断增强其运用法治思维和法治方式开展工作的能力。积极发挥村规民约的区域性功能，引导村民在村规民约中体现法治的约束功能。加强村民个体的教育与培养，注重不良道德行为的惩戒，注重乡村道德人物的塑造与宣扬，发挥其道德标杆和道德引领的作用，并给予其必要、适当的物质奖励和精神鼓励。

（六）大力促进精准脱贫

精准脱贫攻坚和乡村振兴战略都是我国为实现"两个一百年"奋斗目标确定的国家战略。当前是我国精准脱贫攻坚和乡村振兴战略实施并存和交汇的特殊时期。精准脱贫攻坚和乡村振兴战略相互支撑、协调推进，有利于"两个一百年"奋斗目标的实现。一方面，精准脱贫攻坚是我国当前减贫的主要任务和基本形式，与城乡融合发展、共同富裕、质量兴农、乡村绿色发展、乡村文化兴盛和乡村善治一起，共同构筑中国特色社会主义乡村振兴道路。另一方面，只有包括贫困乡村在内的全国农村共同实现了乡村振兴战略的目标和任务，我国乡村振兴战略规划才能够圆满完成。需要以乡村振兴战略的理念和举措助推精准脱贫攻坚进程。贫困地区乡村要根据精准脱贫攻坚的任务，结合自身条件，

将乡村振兴战略的思想和原则融入具体的脱贫攻坚计划和行动之中，按照产业兴旺、生态宜居、乡风文明的原则，安排贫困乡村的精准脱贫攻坚计划。实行产业扶贫、就业扶贫、易地扶贫搬迁和生态环境保护脱贫等措施时，既要考虑各地实现短期脱贫目标的需要，也要考虑产业发展的资源、技术和市场条件，移民生计的长期安排，扶贫措施的环境友好性和建设乡风文明社区文化的需要，提高脱贫的质量和可持续性。对各地区刚脱贫的乡村而言，乡村产业发展的基础仍然薄弱，基础设施和公共服务缺口较大，乡村治理体系和治理能力还比较弱，需要通过落实乡村振兴战略，补牢产业发展基础、改善基本公共服务、提高治理能力，巩固和扩大脱贫成果，避免返贫。

二、乡村振兴战略的意义

（一）有利于实现中华民族的伟大复兴

我国有五千多年的悠久历史，乡村是中华民族传统文明的发源地，在经济社会发展中一直占有重要地位。乡村的富庶是盛世历史的重要标志，在城镇赚钱后回乡置业曾经也是事业成功的标志。我国是农业大国，农业、农村、农民始终是国家安定和改革发展的基础和依靠。依靠农民的支持和参与取得了新民主主义革命的胜利，依靠农业的积累建立起独立完整的工业体系，依靠农村改革的率先推进开启了改革开放。当前，我国已进入中国特色社会主义发展新时代，但农业仍然是国民经济的基础支撑，农民仍然是全社会的基础阶层，农村仍然是全面建成小康社会的重点和难点，"三农"问题仍然是关系到中国特色社会主义发展全局的根本性问题。

党的历史使命决定了我们必须回答好乡村振兴这一课题，为亿万农民谋幸福。牢记亿万农民对革命、建设、改革作出的巨大贡献，让亿万农民有更多获得感，才能充分调动亿万农民的积极性、主动性、创造性。另外，从世界各国看，在现代化进程中，乡村必然要经历一场痛苦的蜕变和重生，我们必须为全球解决乡村问题贡献中国智慧和中国方案。迄今为止还没有哪个发展中大国能够解决好农业农村农民现代化问题，我们干好乡村振兴事业，本身就是对全球的重大贡献。

（二）促进社会主义现代化国家的建设

我国基本国情决定，即使在城镇化成熟后，农村人口还将有 4 亿左右。习近平同志指出，农业强不强、农村美不美、农民富不富，决定着全面建成小康社会的成色和社会主义现代化的质量①。我国的现代化不仅包括工业和城市的现代化，也包括农业农村的现代化。没有农业农村的现代化，国家现代化就不完整、不全面、不牢固。

当前，与发达国家相比，我国发展的最大短板仍是乡村。我们走的现代化道路是绝对不可以丢掉农业现代化的。即使将来我国城镇化达到 70% 以上，还有四五亿人在农村。农村绝不可能成为荒芜的农村、留守的农村、记忆中的故园。根据木桶原理，现代化的整个水平是由"短板"决定的。农业现代化发展状况已成为"四化"同步的短板。因此，现代化的核心问题是克服二元结构，包括城乡二元结构和工农业二元结构，使农业和农村进入一元化发展。因此，要实现"四化"同步发展，必须坚持农业农村优先发展，补上农业农村现代化这块短板。我国现代农业的发展速度较快，而乡村发展则一直较为滞后，特别是工业化、城镇化、农民市民化后，与城市相比，一方面存在着基础设施供给不足、环境恶化、增收缓慢、生活条件落后等现象，另一方面随着城市和经济发展，农民逐步上楼进社区，但是城市应有的相关服务不能完全进入，乡村发展又失去了原有的乡土气息和文化。

因此，加快推进农业农村现代化是"三农"发展的出路，涉及乡村的经济、政治、文化、社会、生态文明等各方面建设。近年来，我国经济实力和综合国力显著增强，具备了支撑农业农村现代化的各方面条件，要动员全社会各方力量加大对"三农"的支持力度，尽快形成"三农"发展新格局。

（三）促进新时期农业农村的现代化

乡村振兴战略的总目标就是推进农业农村现代化，总方针是坚持农业农村优先发展，总要求是产业兴旺、生态宜居、乡风文明、治理有效、生活富裕。

---

① 人民网. 乡村振兴，坚决守好压舱石（大国之治）[EB/OL]. （2022-03-15）[2023-03-15]. https://baijiahao.baidu.com/s?id=1726411095273758820&wfr=spider&for=pc.

推进农业农村现代化，就是要使农业农村发展起来，生态、乡风、治理等方面同步提升。农业现代化和农村现代化是相辅相成的，二者要一体设计、一并推进，在资金投入、要素配置、公共服务、干部配备等方面采取有力举措。要推动农业农村经济适应市场需求变化，加快优化升级，促进产业融合。同时，要全面加强农村的精神文明建设，加快推进农村生态文明建设，建设农村美丽家园，弘扬社会主义核心价值观，保护和传承农村优秀传统文化，加强农村公共文化建设，提高乡村社会文明程度，推进乡村治理能力和水平现代化，让农村既充满活力又和谐有序，真正让农业成为有奔头的产业，让农民成为有吸引力的职业，让农村成为安居乐业的家园。

从历史角度看，我国城乡发展不平衡、不协调的矛盾比较突出，历史欠账太多，再加上多种因素制约，城乡居民收入差距较大，农业基础仍不稳固，农村社会事业发展滞后。伴随全面建设社会主义现代化强国的深入推进，我国农业农村不断发展，农民生产生活条件持续改善。然而，我们必须看到，"三农"问题已成为我国经济社会发展不平衡和不充分的重要表现，成为新时代中国特色社会主义主要矛盾的主要方面。乡村振兴是在新的起点上总结过去、谋划未来，深入推进城乡发展一体化，并提出乡村发展的新蓝图。实施乡村振兴，加快推进农业农村现代化，不仅要推进乡村经济、政治、社会、文化、生态"五位一体"全面发展，更是为了使我国经济社会发展更加协调和平衡，能够更好地补齐乡村在全面建设社会主义现代化强国进程中的短板。

从理论角度看，习近平总书记早在 2013 年中央农村工作会议上就提出：中国要强，农业必须强；中国要美，农村必须美；中国要富，农民必须富[①]。乡村振兴是深化改革开放、实施市场经济体制、系统解决市场失灵问题的重要抓手。2015 年 7 月，习近平总书记在吉林调研时又指出：任何时候都不能忽视农业、不能忘记农民、不能淡漠农村[②]。2016 年 4 月，习近平总书记在安徽凤阳县小岗村召开的农村改革座谈会上强调：要坚定不移深化农村改革，坚定不移加快农村发展，坚定不移维护农村和谐稳定[③]。他还指出，推进城镇化是

① 央视网经济频道.2013 年中央农村工作会议［EB/OL］.［2023-03-15］. http://jingji.cntv.cn/special/2013ncgzhy/.

② 马晓龙. 乡村振兴战略与乡村旅游发展［M］. 北京：中国旅游出版社，2020：45.

③ 求是杂志社. 治国理政新理念新思想新战略［M］. 北京：学习出版社，2018：391.

解决农业、农村、农民问题的重要途径，是推动区域协调发展的有力支撑，城镇建设要体现"尊重自然、顺应自然、天人合一"的理念，依托现有山水脉络等独特风光，让城市融入大自然，让居民望得见山、看得见水、记得住乡愁。从实践角度看，乡村振兴是呼应老百姓新期待，以人民为中心，把农业产业搞好，把农村保护建设好，把农民发展进步服务好，提高人的社会流动性，实现人民对美好生活的向往，让每个人有尊严地生活在我们社会主义国家大家庭里，实现农业全面升级、农村全面进步、农民全面发展。

第四节　乡村振兴战略的理论依据与现实基础

一、乡村振兴战略的理论依据

乡村振兴的总要求是产业兴旺、生态宜居、乡风文明、治理有效、生活富裕，目标是实现农业农村现代化。乡村振兴的内涵包含城乡融合、农业发展。分析并梳理国内外相关理论，乡村振兴的基础理论体系应由三个方面构成：一是城乡联系相关理论；二是农业发展理论；三是习近平关于"三农"工作的重要论述。这些理论共同构成乡村振兴的理论支撑体系，为乡村振兴的研究和实践提供了理论依据。

（一）有关城乡联系的理论

乡村不是孤立、单独存在的，它作为城市发展的腹地进而与其建立起密不可分的联系，通过资源、人口、技术、观念等诸多要素的交流，形成一定的区域空间。乡村振兴就是城乡差距逐步缩小，实现城乡地域系统均衡有序发展的过程。城乡联系的有关理论较多，为了研究方便，分成如下几种类型来讨论。

1. 城乡发展阶段论

马克思主义政治经济学从城乡关系发展的整个历史过程来解释城乡之间的内在联系。他们认为城乡分离是分工的结果，"物质劳动和精神劳动的最大的一次分工，就是城市和乡村的分离，城乡之间的对立是随着野蛮向文明过渡、部落制度向国家过渡、地方局限性向民族过渡开始的，它贯穿着全部文明的历

史并一直延续到现在"①。他们认为分工导致城乡分离，而这种分离又在较长时期内使社会资本向城市集中，进而城乡联系体系中的各种要素（包括经济、政治）向城市的集中是一种社会进步的表现。但他们同时指出，政治权力、经济资源过度地向城市集中，城市对乡村统治的不断加强，最终必然导致城乡之间的对立，每天都不断地产生它们利益之间的对立。由此他们认为，这种城乡对立在私有制下无法解决，并把这种城乡问题联系到所有制问题，只有在公有制的条件下才能把农业和工业结合起来，促使城乡之间的对立逐步消失，最终实现城乡一体化。乡村振兴就是站在国家发展全局，推动工业和农业、城市和乡村的融合发展，以统筹规划、体制改革和政策调整为抓手，实现共同富裕。

2. 城乡联系新理论

20世纪80年代以来，对于以大城市为中心的、自上而下的发展政策的批评，首先来自利普顿（Lipton）。他认为不发达国家之所以不发达、穷人之所以穷，并不是因为国内劳动者和资本家的冲突，也不是因为外来利益和本国利益的冲突，而是因为没有处理好本国的城乡关系。其主要的表现如下：一是城市与农村之间存在着明显的差别；二是城市集团与农村集团利益上的矛盾与冲突；三是政府以城市为中心的自上而下的发展政策，加剧了这两大社会集团之间的矛盾与冲突。为此，利普顿把这种政府的过分保护政策造成的不公平的城乡关系称为"城市偏向"的城乡关系。他认为，发展中国家城乡关系的实质就在于城市集团利用自己的政治权力，通过"城市偏向"政策使社会的资源不合理地流入自己的利益所在地区，而资源的这种流向很不利于农村的发展。他们认为这种城市偏向不仅使穷人更穷，而且还引起农村地区内部的不平等，农村富农与城市集团串通一气把剩余的食物、储蓄和人力资本提供给了城市。

美国学者朗迪勒里（Rondinelli）认为，城市的规模等级是决定发展政策成功与否的关键。他认为任何精心设计的农村发展目标，如果与城市割开，完全采取自下而上的发展战略是不切实际的。他强调城乡联系的极端重要性，认为农业剩余产品的市场在城市，大部分的农业投入由城市机构提供，因农业生产率提高而释放出来的农村劳动力需要寻找就业机会，许多社会、医疗、教育等服务设施也都由城市提供。因此，他认为发展中国家政府要获得社会和区域

---

① 陈文通. 重温经典 拜访马克思七个重大理论问题 上［M］. 北京：中央文献出版社，2009：94.

两方面的全面发展，他们的投资在地理上应比较分散。这要求有一个完整、分散的城镇体系，以给整个国家或地区的人们提供进入市场、获得各种服务的机会。如表 1-2 所示，朗迪勒里提出相关论断，为我们分析和评价城乡联系提供了一个框架。朗迪勒里的中心思想是在相对分散的一些聚居区进行战略性投资，就可以为农村人口提供自下而上发展的基本条件和推动农村自治的进程。

表 1-2　空间发展的主要联系

联系类型	要素
物质联系	公路网、水网、铁路网、生态上的相互依赖
经济联系	市场模式、原材料和中间产品流、资本流、前后向及双向的生产联系、消费和购物形式、收入流、行业结构和地区间商品流动
人口流动联系	临时和永久性的人口移动、通勤
技术联系	技术相互依赖、灌溉系统、通信系统
社会性联系	访问形式、亲戚关系、仪式、典礼和宗教活动、社会团体间相互作用
服务联系	能量流和网络、信贷和金融网络、教育、培训、医疗、职业、商业和技术服务形式、交通运输服务系统
政治、行政、组织联系	组织结构关系、政府预算流、组织间相互依赖、权力-批准-监督模式、行政区间交易模式、非正式的政治决策链

与朗迪勒里的观点相反，斯多尔（Stohr）和泰勒（Taylon）认为，自下而上的发展是以各地的自然、人文和制度资源的最大利用为基础，以满足当地居民的基本需求为首要目标的发展，它直接面对贫困问题，应由下面来发起和控制。这种发展一般以农村为中心，规模小，并以适宜技术的采用为基础。斯多尔指出，为使自下而上的发展成功，需要在四个主要领域保持平衡关系：一是在政治上给予农村地区更高程度的自主权，使得政治权力自城市向农村的单向流动得到改变；二是调整全国的价格体系，使之有利于农村的发展和农业产品的生产；三是鼓励农村的经济活动超过当地需求以便形成更多的出口；四是在城市与农村之间、农村的村落之间建设交通、通信网络。

（二）有关农业发展的理论

实施乡村振兴战略是建设现代化经济体系的重要基础。农业是国民经济的基础，农业经济是现代化经济体系的重要组成部分。乡村振兴、产业兴旺是重

点。深化农业供给侧结构性改革，构建现代农业产业体系、生产体系、经营体系，实现一、二、三产业深度融合发展，都是乡村振兴的战略重点。农业发展的相关理论将对如何有效推动农业从增产导向转向提质导向，增强我国农业创新力和竞争力具有指导意义。

1. 农业经济理论

（1）农业区位理论

1826 年，德国经济学家冯·杜能（J. H. von Thunen）所编著的《关于农业和国民经济的孤立国》一书中提出了农业区位理论，他从区域地租出发阐明了因地价不同而引起的农业分带现象，着重强调了农产品产地到市场距离这一因素对土地利用类型产生的影响，他把假设的孤立国由近到远划分为 6 个同心农业圈：自由式农业圈、林业圈、轮作式农业圈、谷草式农业圈、三圃式农业圈、畜牧业圈。

事实上，目前许多大城市周边的农业生产布局仍可以找到杜能"农业圈"的影子，如近郊的蔬菜、奶蛋等鲜活农产品，远郊的粮食、畜牧、林业等。在进行农业发展研究时，首先要分析农业发展的区位条件，在经典区位论的指导下，可以综合、全面地分析农业发展的自然、地理、经济、交通、空间、文化、社会等区位条件，因地制宜地推进乡村发展。

（2）农业产业结构理论

农业产业结构主要包括两方面内容：一是农业内部各产业经济活动之间的相互联系和比例关系；二是农业与其他涉农产业的相互联系和比例关系。传统农业向现代农业转变的主要标志之一在于农业产业结构的调整和升级。

农业产业结构受农产品需求结构、农业科技创新、农产品贸易、农业区域政策等因素的影响。随着国民生活水平的提高，人们的食品需求和消费结构发生变化，表现为种植业比例的下降，畜牧业和渔业比重的上升，粮食作物比例的下降，经济作物、水果蔬菜等比例的上升，农业提供农产品的单一需求转变为休闲、教育、社会、生态等多种需求；随着工商业和服务业的发展，农业必须提高加工水平，提高农产品的附加值，才能适应工商业和服务的需要；耕作与栽培技术、农业机械化水平、化工和材料技术进步、农业信息化和物流业的发展等也对农产品结构的演变产生革命性的影响。

2. 农业生态理论

（1）生态适宜性理论

生态适宜性是指某一特定生态环境对某一特定生物群落所提供的生存空间的大小及对其正向演替的适宜程度。任何生物的生长和发育都要受到生态环境条件的制约和限制，并只能生活在一定的环境梯度范围。对于生物群落和自然生态系统而言，生态适宜性主要是指其对自然环境的适应性，包括气候适宜性、土壤适宜性和水分适宜性等。但对于一些半人工或人工生态系统而言，还应考虑其经济适宜性、技术适宜性和社会文化适宜性等。生态适宜性是我们进行现代农业布局时的一个基本原则，"因地制宜、因时制宜"是其最好的体现。每个区域都有最适宜的特色乡土产品，这种适宜性是在综合条件的长期作用下形成的，大部分是无法替代或效仿的。因此，在进行农业生产力布局时，一定要充分考虑本地的生态适宜性，即是否具有适合的生存空间和发展条件，否则会本末倒置。

（2）循环农业理论

"循环农业"一词来源于"循环经济"，理论渊源是美国经济学家波尔丁（Kenneth E. Boulding）提出的"宇宙飞船"理论。循环经济的基本原则是"3R"原则，即减量化（reduce）、再利用（reuse）和再循环（recycle）。循环农业是循环经济在农业中的应用，循环农业在农业资源投入、生产、产品消费、废弃物处理的全过程中，把传统的依赖农业资源消耗的线性增长经济体系，转换为依靠农业资源循环发展的经济体系，倡导的是一种与资源、环境和谐的经济发展模式，其理论基础是农业生态学和农业经济学。循环农业与生态农业、立体农业、复合农业有相似之处，其思路和方法值得重视和应用。循环农业强调节约资源、减少污染、节能减排、内涵式发展，提倡提高资源利用率、延伸产业链、提高农业生产效率。资源的有限性、生态环境的脆弱性、经济增长的局限性，使得我们在外延发展的同时，应更加重视内涵，在追求经济总量的同时，将质量和效率不断提升，改造传统农业粗放式的发展模式，提高水、光、土地、化肥等利用率，减少农业污染排放，促进农业各子系统的循环与高效利用。

（三）习近平总书记关于"三农"工作的重要论述

习近平总书记就做好"三农"工作做出一系列重要论述，提出一系列新理

念、新思想、新战略，这些重要思想和战略既是习近平总书记本人实践基础、经验积累和理论思考的结晶，也是中国共产党和人民群众集体智慧的结晶，是习近平新时代中国特色社会主义思想的重要组成部分。

党的十八大以来，习近平同志站在战略和全局高度，从全面建成小康社会和实现中华民族伟大复兴中国梦的目标出发，高度重视"三农"工作，强调要始终把解决"三农"问题放在全党工作重中之重的位置，针对农村改革发展面临的新情况、新问题，提出了关于"三农"发展的一系列新思想、新论断和新要求。特别是习近平总书记在 2013 年 12 月 23 日中央农村工作会议上的重要讲话和 2016 年 4 月 25 日在安徽省凤阳县小岗村召开的农村改革座谈会上的重要讲话，对中国的"三农"问题和政策方向进行了全面阐述和系统论断，也是从那时起，真正形成了习近平"三农"理论体系的"四梁八柱"。习近平"三农"理论的内容主要涉及"三农"工作的重要地位、稳定和完善农村基本经营制度、国家粮食安全、中国特色农业现代化、城乡融合发展的体制机制、农村生态文明建设、深化农村改革、新农村建设与乡村振兴、扶贫开发与脱贫攻坚、加强和改善党对农村工作的领导这十大领域，覆盖农业农村工作的方方面面，既有对农业农村发展长远的战略谋划，对"三农"工作全局定位的宏观阐释，也有对农村基本制度等重大问题的深刻思考，对具体工作方式方法的实践指导。由于乡村振兴战略是乡村的全面振兴，是延续到 2050 年的中长期战略，对我国在 21 世纪中叶建成社会主义强国有着深远而重大的影响，因此有必要深刻把握习近平"三农"理论最核心、最根本的内容，以防止在乡村振兴的具体工作中跑偏走调。

1. "三农"问题的相关论述

当前，实施乡村振兴战略已凝聚成全党全社会的共识。在党的十九大报告中，习近平同志首次提出实施乡村振兴战略，指出"农业农村农民问题是关系国计民生的根本性问题，必须始终把解决好'三农'问题作为全党工作重中之重"[①]，强调要坚持农业农村优先发展，按照产业兴旺、生态宜居、乡风文明、治理有效、生活富裕的总要求，加快推进农业农村现代化。"三农"问题在我

① 习近平. 决胜全面建成小康社会 夺取新时代中国特色社会主义伟大胜利——在中国共产党第十九次全国代表大会上的报告 [J]. 理论学习，2017（12）：4-25.

国具有特殊的历史和现实意义。在不同的历史时期，如果处理好"三农"问题，我们的事业就会顺利推进，社会主义现代化建设就会取得长足发展；如果不能正确处理"三农"问题，我们的事业就会遭受挫折。在"三农"工作的重要性方面，习近平同志提出，"三农"问题始终是贯穿我国现代化建设和实现中华民族伟大复兴进程中的基本问题，"我们必须坚持把解决好'三农'问题作为全党工作重中之重，始终把'三农'工作牢牢抓住、紧紧抓好"①；"把解决好'三农'问题作为全党工作重中之重，是我们党执政兴国的重要经验，必须长期坚持、毫不动摇"②。从根本上清晰地阐述了"三农"工作在经济社会发展全局工作中的明确定位，"三农"问题是中国未来发展和实现百年发展目标中无论如何也绕不过去的重大问题和战略性问题。在新时期，"三农"工作的重要抓手就是实施乡村振兴战略，这实际上是在提醒我们，由于中国的特殊国情和未来二三十年发展的阶段性特征，在我国的现代化进程中绝不能忽视农业、忽视农村、忽视农民。在实现现代化强国的目标过程中，必须下更大气力解决好"三农"问题，必须通过实施乡村振兴战略这样的重大举措来推动农业全面升级、农村全面进步、农民全面发展。让中国农业的发展更加高效、持续、健康；农村与城市更加协调，农村社会更加稳定、繁荣、和谐；农民能够更深入地参与到中国的经济发展中来，更多地分享经济社会发展成果，实现更多的获得感。

2."为什么要振兴乡村"的相关论述

党的十九大之后，习近平总书记又就实施乡村振兴战略作出了一系列重要论述。在 2017 年年底召开的中央农村工作会议上，系统阐述了实施乡村振兴战略的重大意义和深刻内涵，明确了走中国特色社会主义乡村振兴道路的核心要义，即重塑城乡关系，走城乡融合发展之路；巩固和完善农村基本经营制度，走共同富裕之路；深化农业供给侧结构性改革，走质量兴农之路；坚持人与自然和谐共生，走乡村绿色发展之路；传承发展提升农耕文明，走乡村文化兴盛之路；创新乡村治理体系，走乡村善治之路；打好精准脱贫攻坚战，走中国特色减贫之路。2018 年全国两会期间，习近平总书记在参加内蒙古、山东等代

① 卜万红，齐德舜. 形势与政策教程 第 6 版 [M]. 开封：河南大学出版社，2014：62.

② 中共中央党史和文献研究院. 习近平关于"三农"工作论述摘编 小字本 [M]. 北京：中央文献出版社，2019：3.

表团审议时，反复强调实施乡村振兴战略是一篇大文章，要统筹谋划，科学推进，推动乡村产业振兴、人才振兴、文化振兴、生态振兴、组织振兴，推动乡村振兴健康发展。2018 年 4 月底，习近平总书记在湖北考察时明确指出，要加快构建现代农业产业体系、生产体系、经营体系，把政府主导和农民主体有机统一起来，充分尊重农民意愿，激发农民内在活力，教育引导广大农民用自己的辛勤劳动实现乡村振兴。

3. "怎样振兴乡村"的相关论述

从实施乡村振兴战略到实现乡村振兴是一个渐进的过程，要有战略定力。要真正实施好乡村振兴战略，就要统筹考虑城乡之间、农村内部的关联，妥善处理好"两个协调"的重大关系，一是城镇和乡村之间的发展协调问题，二是农业农村发展中重大关系的协调问题。习近平总书记多次使用了两个"历史耐心"，对如何处理好这两个关系做了明确阐述。在城乡协调发展的关系方面，他指出，"在人口城镇化问题上，我们要有足够的历史耐心。世界各国解决这个问题都用了相当长的时间。但不论他们在农村还是在城市，该提供的公共服务都要切实提供，该保障的权益都要切实保障"[1]。在乡村内部的协调发展方面，他强调，"农村土地承包关系要保持稳定，农民的土地不要随便动。农民失去土地，如果在城镇待不住，就容易引发大问题。这在历史上是有过深刻教训的。这是大历史，不是一时一刻可以看明白的。在这个问题上，我们要有足够的历史耐心"[2]。这两个"历史耐心"实际上讲的是一个问题的两个方面，即在实施乡村振兴战略的过程中如何处理好农民和土地的关系，真正实现土地的规模经营、农业的现代化、人口的城镇化，这是需要时间和条件的，这些牵涉中国农业农村的根本性问题，要从大历史观的角度加以认识，并在城市产业发展、社会保障覆盖、农村劳动力有效转移等条件逐步成熟后，才真正有可能解决中国的"三农"问题。如果只谈结果，不考虑这些问题持续的时间和条件，在振兴乡村的过程中就非常容易出问题。

习近平总书记关于乡村振兴的重要论述，科学回答了为什么要振兴乡村、怎样振兴乡村等一系列重大认识问题和实践问题，是我们党"三农"工作理论

① 习近平. 论坚持全面深化改革 [M]. 北京：中央文献出版社，2018：69.

② 陈锡文. 历史的足音　改革开放 40 年研究文库 中国农村改革研究文集 [M]. 北京：中国言实出版社，2019：639.

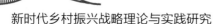

创新的最新成果，是指导当前和今后一段时期中国"三农"工作的重要理论和政策依据，为新时代"三农"工作提供了根本遵循和行动指南。在习近平总书记有关"三农"重要论述的指导下，我国实施乡村振兴战略就有了强大的思想保证和坚实的理论基础，乡村振兴战略一定能够得到全面贯彻、扎实推进，取得实效。

二、乡村振兴战略的现实基础

（一）社会主义制度具有优越性

1. 党的领导

任何制度都需要组织，而组织是否紧密完备，则决定了制度能否稳固和是否有效率。中国封建社会末期陷入贫困落后、一盘散沙的困境，屡遭外国列强侵略。中华人民共和国成立后，即以中国共产党在革命时期所形成的严密组织，建立起了党领导和人民当家作主的全国性政权。改革开放 40 多年来，全国各族人民在党的坚强领导下，充分发挥积极性和主动性，心往一处想、劲往一处使，形成一股万众一心、无坚不摧的磅礴力量，以非凡的智慧和创造力，使改革开放和社会主义现代化建设取得了辉煌成就。中国共产党的领导，是历史的选择、人民的选择。在革命、建设、改革的伟大征程中，中国共产党坚定捍卫国家民族利益，克服重重阻碍，团结带领人民迎来了从站起来、富起来到强起来的伟大飞跃。实践充分证明：党的领导是改革开放取得成功的根本保障，党对改革开放和现代化建设的领导作用是其他任何组织和团体都不能代替的。中国共产党具有统揽全局的能力，能够坚持实事求是的思想路线，善于区分和处理不同性质的矛盾，及时调整各方面的利益关系，可以有力地把全国各民族、各阶层的人民团结起来；我们党还善于革新进取、总结历史的经验教训，能够紧紧把握社会发展的总趋势，将积累的治党治国经验转化成实际效能，将各项事业不断向前进推。

曾断言历史终结的美国学者福山在新著的《政治秩序的起源》中也承认，没有放之世界皆准的政治制度。成功的政治体系需要三要素：国家建构（或国家能力）、法治和民主。

国家能力指国防、征税、政府机构架构、维持社会秩序、提供公共服务能

力。一个成功的政治模式就是国家能力、法治和民主三者之间的平衡；由中国共产党组织起来的政治制度最大的优点就是国家能力强，能保证统一领导，执行力强，对危机处理敏锐快捷。如对国内灾害汶川地震的救助，在海外的尼泊尔、利比亚撤侨行动等，这些以人民为中心的重大行动在西方国家是根本做不到的。我们对经济、社会等重大政策的贯彻执行同样雷厉风行，这在国外也是办不到的。党的领导正是中国特色社会主义制度优势的集中体现，是中国特色社会主义最本质的特征。

乡村振兴是一项庞大的系统工程，是党在新时代带领人民进行的一项新的伟大革命。唯有党的领导能凝心聚力，始终保证乡村振兴的正确方向和顺利推进。

2. 中国特色社会主义经济制度的优越性

列宁说过，社会主义就是要创造比资本主义更高的劳动生产率。中华人民共和国成立后，依靠社会主义制度，在十余年时间里就推动了生产力的大发展，基本实现工业化，为后来的发展进步奠定了坚实的物质基础。改革开放以来，我国由于改变高度集中的计划经济体制，逐步建立和完善社会主义市场经济体制，使经济发展跃居世界前列，日益显示出中国特色社会主义经济制度的优势和特点。

（1）坚持公有制经济的主体地位，将市场和政府的作用有效结合

习近平同志指出：政府和市场的关系是我国经济体制改革的核心问题[1]。市场配置资源是最有效率的形式，市场经济本质上是市场决定资源配置的经济。同时，我国实行的是社会主义市场经济体制，仍要坚持发挥我国社会主义制度的优越性，发挥党和政府的积极作用。习近平同志进一步强调："市场在资源配置中起决定性作用，并不是起全部作用。"[2]在我国的市场经济体制中，与公有制占主体地位的经济关系相适应，政府的作用主要是发挥科学宏观调控、有效政府治理，保持宏观经济稳定，加强和优化公共服务，保障公平竞争，加强市场监管，维护市场秩序，推动可持续发展，促进共同富裕，弥补市场不足等。这种市场与政府，即"看不见的手"和"看得见的手"两方面兼顾并举

① 习近平. 论坚持全面深化改革［M］. 北京：中央文献出版社，2018：105.

② 习近平. 论把握新发展阶段 贯彻新发展理念 构建新发展格局 大字本［M］. 北京：中央文献出版社，2021：26.

的市场经济制度，呈现了巨大的优越性。与德法的"莱茵模式"、英美的"盎格鲁-撒克逊"模式相比，我国的社会主义市场经济体制更有效地促进了经济发展，使我们在短时间内就迈过了西方上百年痛苦而漫长的工业化和现代化历程。俄共主席久加诺夫称赞说：实际上是"英明的手"推动了中国快速发展，确定最为重要的优先方向，平衡个人和社会的利益，造福于国家和人民[①]。

（2）我国经济建设以实现最广大人民的根本利益为根本目标

习近平同志在论述经济社会发展任务时反复强调，我们要随时随地倾听人民呼声，回应人民期待，保证人民平等参与、平等发展权利，维护社会公平正义，在学有所教、劳有所得、病有所医、老有所养、住有所居上持续取得新进展，不断实现好、维护好、发展好最广大人民根本利益，使发展成果更多、更公平惠及全体人民，在经济社会不断发展基础上，朝共同富裕方向稳步前进[②]。事实也是如此，随着社会保障事业发展，医疗卫生服务水平不断提高，老年人退休保障覆盖范围不断扩大。

乡村振兴是一项全新的、伟大的战略，事关我国全面小康目标的实现，更是我国建设现代化强国的重要内容，中国特色社会主义制度显示出的优越性和吸引力，为实现农业强、农民富、农村美提供良好发展环境。

3. 不断完善的农村基本经营制度

国家工业化、城镇化的推进，农村分工分业的发展，必然引起农村劳动力和农业人口的流动。在这个过程中，人们看到，农民承包的土地正在发生从谁承包、谁经营的初始状态，逐步向多样化的经营形式转变，这是历史发展、进步的必然趋势。

农村集体土地实行家庭承包经营，最初目的是解决农业实行集体统一经营中的平均主义问题。但户户承包土地、家家经营农业的局面并没有维持多久，因为外有工业化、城镇化的拉动，内有分工分业的推动，再加上农业实行家庭经营后，农户既有了积累自有资金的可能，又有了自主支配劳动力和劳动时间的权利，所以就开始出现部分农业劳动力离开承包土地，甚至离开农业农村的现象。为了确保闲置土地"流转"过程中不损害农村土地的集体所有制，维护

① 沈耕.[十九大·理论新视野]沈耕：充分发挥中国特色社会主义制度的优势[EB/OL].（2018-03-14）[2023-08-09]. http://opinion.zjol.com.cn/mrwp/201803/t20180314_6799266.shtml.

② 习近平. 在第十二届全国人民代表大会第一次会议上的讲话[N]. 人民日报，2013-03-18（001）.

农村基本经营制度的稳定,中央认为,促进土地承包经营权流转的前提是稳定农村土地承包关系。2008 年的中央一号文件首次提出"加强农村土地承包规范管理,加快建立土地承包经营权登记制度"[①]。2009 年的中央一号文件提出"稳步开展土地承包经营权登记试点,把承包地块的面积、空间位置和权属证书落实到农户"[②]。2010 年和 2012 年的中央一号文件都明确要求扩大农村土地承包经营权登记的试点范围(2011 年的中央一号文件是关于加快水利改革发展的专项文件,没有涉及农村土地承包经营制度问题)。而 2013 年的中央一号文件则对全面开展农村土地确权登记颁证工作做出了具体部署,要求用 5 年时间基本完成此项工作,妥善解决农户承包地块面积不准等问题。从中央文件首次提出"加快建立土地承包经营权登记制度"迄今已逾 10 年,从农业农村部公布的情况看,截至 2017 年年底,全国 31 个省(自治区、直辖市)均开展了农村土地承包经营权确权工作,共涉及 2 747 个县级单位、3.3 万个乡镇、54 万个行政村;承包地确权面积 11.59 万亩,占二轮家庭承包地(账面)面积的 80%以上[③]。到 2018 年年底,可基本完成农村土地承包经营权的确权登记颁证工作。在这个过程中,一方面,进入"流转"的农户承包土地经营权面积在不断扩大;另一方面,对于"流转"的土地农户只是承包土地的经营权,而"流转"之后,农村土地的承包权在承包期内仍将保持稳定,这已成为越来越多人的共识。党的十九大报告明确提出了"巩固和完善农村基本经营制度,深化农村土地制度改革,完善承包地三权分置制度;保持土地承包关系稳定并长久不变,第二轮土地承包到期后再延长三十年"的要求,给广大农民吃了一颗"定心丸"。

(二)乡村振兴战略的物质基础

经过改革开放以来的持续快速发展,我国经济实力跃上了新台阶,工业化、城镇化水平也有很大提高。2017 年,国内生产总值达到 82.71 万亿元,约合 13.16 万亿美元,人均 8 836 美元。全国财政一般公共预算收入达到 17.26 万亿

---

① 2008 年中央一号文件:加强农业基础建设 [J]. 工商行政管理,2008(03):38.

② 2009 年中央一号文件出台 [J]. 农业质量标准,2009(02):3.

③ 红网. 对话陈锡文:土地改革的农民利益底线 [EB/OL].(2021-04-19)[2023-03-15]. https://baijiahao. baidu.com/s?id=1697436852732706002&wfr=spider&for=pc.

元，其中，中央一般公共预算收入为 81 119 亿元，同比增长 7.1%；地方一般公共预算本级收入为 91 448 亿元，同比增长 7.7%。2017 年全国的财政收入是 1978 年 1 132 亿元的 152.5 倍[①]。对乡村振兴的财力支撑能力大大提高，已经具备了支持农业农村发展的基础条件。

1. 产业发展

从产业结构来看，我国三大产业结构逐步优化，呈现出"三二一"的态势。第一产业所占比重从 1978 年的 28.2% 下降至 2017 年的 7.92%，农业产业的增加值已经降到 10% 以下。与之相对应的是，第二产业和第三产业的增加值已经分别占到 GDP 总量的 40.5% 和 51.6%[②]。一方面，我国已经建立起了较为完整的工业生态体系，工业结构得到进一步优化，可以为农业生产、农村发展提供更好、更广和更坚实的支持；另一方面，这些产业的转型升级也促进了需求结构的调整，进一步激发了居民对农村生态产品、优质农产品、农村文化产品等功能性产品的需求，提供了农业农村进一步发展的机遇。

2. 城乡关系

从人口的城乡结构看，2017 年我国的常住人口城镇化率达到了 58.52%，城镇化水平不但越过一半，而且在进一步提高。从就业结构来看，城镇就业人员比重达到 54.69%，农村劳动力转移进程仍在继续[③]。城镇人口和在二、三产业就业的人口逐步成为"多数"和"大头"，这不仅在微观上更有能力支持农业和乡村这个"少数"，而且使乡村相对城市反而成为"价值洼地"，在更多层面和领域充满了机遇，对人才、资金、技术等生产要素的吸引力也在不断加大。

实施乡村振兴战略既有基础又有条件，要按照党中央决策部署，顺势而为，主动作为，不失时机地向前推进，推动农业全面升级、农村全面进步、农民全面发展，努力谱写新时代乡村全面振兴新篇章。

---

① 第一财经.2017 年中国 GDP 增速 6.9% 实现了 7 年以来的首次提速［EB/OL］.（2018-01-18）［2023-03-15］. https://baijiahao.baidu.com/s?id=1589913698872700271&wfr=spider&for=pc.

② 国家统计局. 改革开放 30 年报告之三：经济结构在不断优化升级中实现了重大调整［EB/OL］.（2008-10-29）［2023-03-15］. http://www.stats.gov.cn/ztjc/ztfx/jnggkf30n/200810/t20081029_65689.html.

③ 国家统计局. 中华人民共和国 2017 年国民经济和社会发展统计公报［EB/OL］.（2018-02-28）［2023-03-15］. http://www.stats.gov.cn/tjsj/zxfb/201802/t20180228_1585631.html.

第五节　乡村振兴战略的理论特征与思维拓展

一、乡村振兴战略的理论特征

新时代乡村振兴战略是习近平新时代中国特色社会主义思想的重要组成部分，是对中华人民共和国成立以来，中国共产党领导中国人民进行乡村建设的理论和实践的发展，是立足于中国实际，放眼于乡村未来发展，极具时代特色的鲜活理论，蕴含着丰富的理论内涵和创新思维。

（一）思路具有继承性

习近平新时代中国特色社会主义思想是在继承中华传统优秀文化民本思想和马克思主义人民思想的基础上，尊重历史发展规律，坚定不移走中国特色社会主义道路以及发展新时代中国特色社会主义事业的应有之义[①]。因为每一种思想都是以既定的传统思想为基础，以一定时代条件下的社会实践基础为土壤而形成和发展的。

马克思主义唯物史观认为，人民群众作为历史的创造者，是社会变革的决定力量，也是社会财富的创造者。人民群众既是创造者，理应也是享有者。而在资本主义的社会中，人民群众享有的权利被剥夺，公平法则遭受漠视。相反，共产主义事业是为了实现无产阶级和广大人民群众的解放。为了实现这个宏伟的奋斗目标，中国共产党始终坚持以马克思主义为指导思想，充分贯彻将唯物史观的基本原理与独具中国特色的具体实践相结合的原则，找准"人民群众"这个落脚点。在马克思主义中国化的进程中，逐步形成了中国特色社会主义体系。党中央一以贯之地将群众观点贯彻于执政理念之中，将人民群众的利益摆在了第一位。以毛泽东同志为核心的党的第一代中央领导集体提出以全心全意为人民服务为宗旨，形成了"一切为了群众，一切依靠群众，从群众中来，到群众中去"的群众路线，并以此作为共产党的根本工作路线。以邓小平同志为核心的第二代党中央领导集体将"人民拥护不拥护、人民赞同不赞同、人民满

---

① 田启波. 习近平新时代人民主体思想的理论特征［J］. 贵州社会科学，2018（01）：11-17.

意不满意、人民答应不答应"作为党一切工作的衡量标准，充分体现出对人民主体地位的尊重，并坚持全体人民共同富裕的奋斗目标。在改革开放初期，以江泽民同志为核心的第三代党中央领导集体经历了国内以及国际社会的深刻变化，提出"'三个代表'重要思想"，从党的性质出发强调了根本的服务宗旨——全心全意为人民服务，坚持代表最广大人民群众的根本利益。党的十六大以来，以胡锦涛同志为总书记的党中央领导集体树立起了"全面、协调、可持续"的科学发展观，进一步贯彻落实以人为本的发展思想，强调发展为了人民、发展依靠人民、发展成果由人民共享。党的十八大以来，以习近平同志为核心的党中央在中国特色社会主义发展的历史进程中开辟出了新篇章。新时代背景下，我们党继续坚持以人民为中心的思想，为实现人民群众对美好生活追求而奋斗，其基本内涵与党先前提出的思想是一脉相承的。

习近平新时代中国特色社会主义思想是中华传统优秀文化中"重民本，厚民本"的进一步继承和升华，中国特色社会主义文化深深地扎根于中华传统优秀文化，当代中国特色社会主义文化自信更是源于中华传统优秀文化。古语有云："得民心者得天下，失民心者失天下"；"民为邦本，本固邦宁"；"水能载舟，亦能覆舟"等，都在不断警示当政者要以民为本，才能立于不败之地。中国共产党是以马克思主义思想为指导思想、以社会先进分子为组成成分的先进政党，在延续继承和发扬中华传统优秀文化的基础上，更加坚定地站在人民的立场，始终坚持人民的主体地位，时刻谨记立党为公、执政为民的理念，践行全心全意为人民服务的宗旨。

习近平新时代中国特色社会主义思想是新时代中国特色社会主义实践的产物。任何一种思想的诞生与发展都离不开实践的检验，因为实践是检验真理的唯一标准。正如思想离不开时代的辩证关系，理论也是离不开实践的。面对当今世界，中国在面对历史上最为广泛而深刻的社会变革时，同时也进行着人类历史前无古人的最为宏大而独特的实践创新。习近平新时代中国特色社会主义思想顺应了中国特色社会主义实践发展的客观需要，符合世界格局变化的重大趋势。一次突如其来的新冠肺炎疫情，使人民的生命和健康遭受重大威胁，人民群众的根本利益受到极大损害。以习近平同志为核心的党中央迅速作出反应，将"人民至上"的思想贯穿于新冠肺炎疫情防控的始终，充分彰显了中国之治中人民的主体地位，将"以人民为中心"的思想生动地

运用到了防疫实践中去。同样的，面对国内外形势的严峻挑战，我们要有信心，要坚信只要有人民的支持和参与，无论什么困难都是可以被克服的，无论什么坎都是可以越过去的。全党要更加自觉地增强道路自信、理论自信、制度自信、文化自信，增强政治定力。"四个自信"的底气主要来自人民，因为党的根基在于人民，党的力量在于人民，所以党要坚定不移地走群众路线，坚持以人民为中心。

新时代背景下，仍然矢志不渝地坚持以人民为中心的思想，是对当前国际和国内社会发展趋势的重要把握，也适应了我国当前社会主义发展阶段的内在需求。以习近平同志为核心的党中央领导集体长期以来一直坚持贯彻这一执政理念，党的十八大报告将"坚持人民主体地位"确定为我们党推进中国特色社会主义事业八个基本要求之首，党的十九大报告再次强调了中国共产党的初心和使命，就是"为中国人民谋幸福，为中华民族谋复兴"，始终都是把"以人民为中心"这一治国理政贯穿于新时代中国特色社会主义的实践中。

（二）观点具有创新性

首先，在价值维度方面，明确"三农"问题在我国国民经济中的根本性地位。中共中央、国务院联合印发的《中共中央、国务院关于实施乡村振兴战略的意见》（以下简称《意见》）指出，没有农业农村的现代化，就没有国家的现代化。实施乡村振兴战略是现代化经济体系的重要基础、解决新时代社会主要矛盾的必然要求、实现全体人民共同富裕的必然选择。实施乡村振兴战略，需要突出农业农村发展的优先地位，遵守"产业兴旺、生态宜居、乡风文明、治理有效、生活富裕"总要求，健全城乡融合发展的体制机制，统筹推进农村经济、政治、文化、社会、生态文明和基层党组织建设，实现乡村治理体系和治理能力现代化，走中国特色社会主义乡村振兴道路。

就乡村振兴战略的目标而言，需要融入我国第二个百年奋斗目标之中，将乡村振兴作为社会主义现代化强国目标实现的基石。因此，国家对实施乡村振兴战略制定了阶段性目标。

第一阶段：到2020年，乡村振兴取得重要进展，制度框架和政策体系基本形成；第二阶段：到2035年，乡村振兴取得决定性进展，农业农村现代化

基本实现；第三阶段：到 2050 年，乡村全面振兴，农业强、农村美、农民富全面实现。

其次，在制度维度方面，主要表现为"三高"，即高起点、高标准和高质量。一是高起点，乡村振兴与以往新农村建设的不同之处在于其是由国家层面制定的乡村振兴战略规划，具有统领性作用。中共中央、国务院印发的《国家乡村振兴战略规划（2018—2022 年）》（以下简称《规划》）明确了总要求、阶段性目标与重点工作等内容，为其他地区的分类有序推进提供了指引。各个地区围绕总目标、总要求分别编制了指导本地区乡村振兴战略实施的专项规划或实施方案，形成了城乡融合、区域一体、多规合一的规划体系，实现了规划的统筹与衔接，达到了"统一部署、分类分区有序实施"的效果。二是高标准，以法制法规推进乡村振兴。一方面，加快制定乡村振兴法，实现乡村振兴各项工作有法可依；另一方面，为确保党对"三农"工作领导的法治化，推进乡村振兴战略的有效实施，《规划》提出制定和完善党在农村工作方面的条例。三是高质量，乡村振兴战略旨在健全多元要素投入机制，将各方主体、要素和市场激活，进一步完善产权制度和优化市场配置，提升服务乡村振兴的质量。党的十九大报告指出，要深化农村集体产权制度改革以保障农民财产权收益。为此，《意见》和《规划》均指出，要积极调整土地出让收入使用范围，改进耕地占补平衡管理办法，建立新增耕地和城乡建设用地增减挂钩节余指标跨省域调剂机制，将所得收益全部用于乡村振兴战略之中，真正做到"取之于农，用之于农"。

最后，在组织维度方面，将加强党的领导、构建新时代"三农"工作的干部队伍作为关键。我国具有党管农村工作的优良传统，这也是进一步展开农村工作的重大原则。实施乡村振兴战略，更需要坚持这项重大原则，始终确保党在乡村振兴战略各项工作中总揽全局、协调各方的地位。中央一号文件对这一问题作出了明确指示，强调要建立健全高效的农村工作领导机制，以保证乡村振兴战略各项工作的开展，这就要求各级党委、政府和有关部门相互协调配合。要加强战略实施的过程管控，建立各级领导责任制，突出党政一把手和"五级书记"的领导责任，自上而下统筹推进落实工作。基层工作对于乡村振兴战略的开展至关重要，正所谓"基础不牢，地动山摇"，党的基层组织是各项工作的具体执行者，因此，抓好扎实基层工作，发挥基层党组

织的战斗堡垒作用至关重要。此外，在做好指挥工作的同时，也要注意防腐败。需要持续推进党风廉政建设，积极引导广大党员树立崇高理想、提升党性修养，时刻按照一名共产党员的要求去开展各项具体工作，以发挥先锋模范作用，同时，整顿基层党组织，坚决清除不合格党员、不合格党组织领导，打造清正廉洁、一心为民的基层党组织队伍，以强化基层党组织在农村中的领导核心地位。

在农业方面，在积极调动亿万农民参与乡村振兴战略的基础上，进一步优化农业从业者结构，壮大农业龙头企业和行业组织，引领乡村振兴。乡村需要更多活跃的发展主体，需要以共同富裕为立足点，调动广大农民的积极主动性，将其引导到广阔的农村就业创业市场，并优化农业从业队伍结构，着力培养技能型、知识型和创新型的多层次农业经营队伍。

兼顾小农户扶持、现代农业经营主体培育、农业龙头企业壮大，构建新型多元的现代农业经营主体，使广大农民、新型经营主体成为乡村振兴的实施者和受益者，如创办环境友好型企业以带动农村居民就业。农业龙头企业能够起引导作用，促进小农户在系统内进行分工协作，有利于培育传统农业生产者在市场、竞争、投资和风险四个方面的意识，这是农业企业家所应具备的素养，也有利于进一步促进小农户实现意识和身份的转变，进而促进农业产业升级和提高质量效益。农产品行业协会作为连接政府和企业及小规模生产者的桥梁，也是连接不同地域、不同组织的纽带，其跨组织性可以进一步提高农民和农业经营者的组织化程度，其跨地域性有利于拓宽国内外市场，加强小农户与农业经营和国内外市场接轨，带领中国农业"走出去"。

（三）目标具有战略性

从理论层面来看，习近平同志贯彻以人民为主体的思想于治国理政中，其战略性主要体现在党管方向、党管全局和党管长远。将坚持以人民为中心的发展思想作为最根本的执政理念，在习近平新时代中国特色社会主义思想的各个方面体现得淋漓尽致，如"五位一体"和"四个全面"战略布局。党的十九大报告明确提出了坚持农业农村优先发展的战略方针，这是为实现我国两个一百年奋斗目标所作出的重要战略部署，也是今后一段时间农业农村发展的总体思路。这一战略方针直指农业农村当前所面临的短板，为农业农村发

展明确了方向。

"三农"问题之所以这么重要，是因为这是事关国计民生的根本性问题，国家现代化甚至在某种程度上取决于农业农村的现代化。以往我们更多强调工业和科技的创新力，对于农业创新力重视不足，而实际上农业创新力和竞争力有利于推进农业农村现代化，这与当前我国供给侧结构性改革不谋而合。推进农业供给侧结构性改革，就是要将传统农业生产、产业以及经营体系进行重构，实现从追求增产向提质的转变，从而实现向农业现代化的华丽转身。乡村振兴战略不是单一追求生产力的发展，而是谋篇全局的农业农村发展规划，其中就包含了凸显人文情怀的美丽乡村建设。乡村美则中国美，美丽乡村在乡村振兴战略中也扮演着重要角色，它是全面建成小康社会在农村的形象表达，是在发展农业农村"里子"的同时兼顾农村"面子"，这也是对人民对美好生活追求的一种回应。当然，美丽乡村不仅在于表面，更在于其更长远的战略规划，美丽乡村的建设主要体现在生态文明建设、乡村社会治理以及对于传统优秀农耕文化的传承。

从这些方面出发，首先，应坚持"两山"理论，以更长远和发展的眼光去看待自然，深入贯彻生态文明理念，尊重自然、顺应自然、保护自然，最终实现人与自然和谐共生的美好愿望。

其次，基层治理有效是实施乡村振兴战略的奠基石。常言道，事在人为，基层作为社会的细胞，是进行社会治理的重要组成部分，然而，由于多重不利因素的干扰，乡村治理一直是我国经济社会发展的难点。在实施乡村振兴进程中，不断夯实治理基础，推进基层善治，建立健全更加完善的乡村治理体系也是应有之义。同时，乡村治理作为国家治理体系不可分割的一部分，在推进国家治理体系和治理能力现代化的过程中，也应与时俱进，不断加强和创新社会治理，从而在确保农村社会稳定的基础上更好地服务于乡村振兴战略。

最后，注重对传统农耕文化的传承。我国拥有数千年的农耕文化，众多优秀传统文化在农村仍有深深烙印，然而，随着近年来我国城镇化步伐的加快，农村文化的传承面临着现实危机。村庄作为中华优秀传统文化的重要载体，在发掘传统文化资源的同时，要秉持保护和传承的价值取向，在汲取传统文化精髓的同时也要注入时代的内涵，实现现代文明与传统文化的交相辉映，构建起

诚实守信、邻里和睦、美美与共的文明乡村景象，既留住乡愁，又要为现代文明建设贡献力量，焕发新时代乡村社会文明新气象。

（四）方法具有实践性

理论源于实践，从来都不存在空想的理论，就如马克思主义的诞生也是基于当时他们所处的历史时代背景与存在的各项任务和挑战。人类始终只能提出自己能够解决的任务，即任务的解决办法要基于一定的物质条件，而客观存在的物质条件则正是解决办法的土壤，只有根植于这样的客观条件，才能从根本处找到解决办法。习近平新时代中国特色社会主义思想根植于实践，人民主体思想则是其执政理念的核心，具有重要的理论意义和实践价值。

一方面，人民主体思想的提出是基于我国实际国情，符合我国社会主义初级阶段的显著特征。每个时代都有每个时代的产物，每个时代都会催生不同的需求和任务，党在不同时期提出的目标也总是基于人民的需要和事业实际的发展需要，这也必将得到人民的衷心拥护。当前，我国进入了社会主义新时代，国内外形势发生了翻天覆地的变化，习近平新时代中国特色社会主义思想顺应了时代潮流，与全面实现小康社会目标相衔接，与我国特色社会主义事业总体布局相一致。站在百年未有之大变局的新的历史方位，我国社会主要矛盾也发生了根本性转变，人民日益增长的美好生活需要和不平衡、不充分的发展之间的矛盾成为新时代的主要矛盾，虽然我国社会主要矛盾发生了改变，但我国正处于并将长期处于社会主义初级阶段这一基本国情仍不会发生转变，在这"变"和"不变"之间，我们仍要保持清醒头脑和战略定力，在推进全面深化改革中，要始终立足于当下我国基本国情，坚持党的基本路线和方针，为把我国建成富强、民主、文明、和谐美丽的社会主义现代化强国而不断奋进。

另一方面，我们党在践行"以人民为主体"的思想中所展现出的强大执行力也体现出真实性的一面。中华民族伟大复兴是近代以来中华民族最伟大的梦想，这一梦想兼具伟大性和艰巨性，这需要每个中国人一代代的接续努力。正如我们党一直秉持的"空谈误国，实干兴邦"执政理念，践行着用实际行动履行人民主体的发展思想。"一分部署，九分落实"，中国共产党肩负着 14 亿人民的重托，始终把对人民承诺之事落实摆在至关重要的位置，不说空话，言出

必行，坚持为人民谋实事、对事出实招。此外，人民主体思想这一目标任务的真实性还表现在辩证性特征上。习近平新时代中国特色社会主义思想以人民为主体，做到发展为了人民、发展依靠人民、发展成果由人民共享，实现了为了人民、依靠人民和造福人民三者的有机统一。

二、乡村振兴战略的思维拓展

（一）农业农村优先发展的新发展思路

"三农"问题与我国的发展息息相关，还在很大程度上决定着人民群众的切身利益，要想实现国家的现代化，首先必须实行农业农村现代化。"三农"改革作为我国整体改革的重要组成部分，是展开"三农"各项工作的重要动能。坚持农业农村优先发展作为指导当前"三农"工作的总方针，是对农村改革开放40多年来的经验总结以及升华，党和国家应当始终坚持农业农村优先发展这一大政方针，将精力放在"三农"工作上，切实落实好我党的发展方针，确保广大民众真正从改革中受益。回顾过去农村改革的历史，虽经历了曲折而漫长的道路，但也获得了简单而深刻的经验。由于农村改革作为改革开放全局事业的重中之重，我国这些年实施了一系列改革策略，使中国广大农村地区有了突破性的变化。到目前为止，我国农产品总量在全球处于第一位，远远领先于其他国家和地区。

乡村振兴战略是我党在十九大报告中提出的发展方针，对我国更好地解决"三农"问题起着非常重要的作用，所以我国在今后应当遵循农业农村优先发展这一政策，着力解决好"三农"问题，为农业现代化奠定坚实的基础。遵循这一基本指导方针，一方面是根据我国的长期历史实践确定的一个发展战略；另一方面是在充分兼顾我国现阶段的主要矛盾的基础上做出的重大抉择。当前，随着我国社会经济的高速发展，伴随而来的问题是城乡差异日益拉大，这体现在经济水平、基础设施以及教育卫生等诸多方面。

目前，城乡发展不平衡、农村发展不充分等问题日益凸显，成为阻碍我国经济社会长期持续发展的瓶颈。在我国社会结构中，农村与城镇是其中的有机组成部分，农业农村的发展已经跟不上城镇和工业的发展步伐，城乡发展不均衡就像两条腿长短不一，这个问题在很大程度上阻碍着我国经济的协调发展。

对于这一发展战略，习近平同志明确指出，今后国家应当高度重视"三农"问题，始终遵循农业农村优先发展这一总体战略，逐渐将城乡之间的差距缩小，尽快将"三农"发展短板补齐，使农业发展成一个具有前景的行业，使人们不再歧视农民这一职业，不断改善农村人居环境条件。

在坚持农业农村优先发展的过程中，主要可以从以下四个方面采取有力措施，具体包括要素配置、资金投入等诸多方面，着重体现农业农村发展的优先地位。

第一，从资金的层面为农业农村发展提供强有力的支撑。其相关业务活动的开展均需要得到强有力的经费保障。加强对农业农村发展的支持，不能仅限于"情感支持"和"友情支持"，要使制度确保作用有效发挥。其一，如何把资金引导到农村中去是个大问题，要实现民间资本与政府部门的项目之间相匹配，将民间掌握的富余资本用于启动乡村振兴相关项目，在政策和制度方面要加强引导，与此同时，要健全投入保障机制，积极调动政府、金融机构和社会参与投资，在最短时间内构建起一个多元主体的投入格局与一套科学合理的投资机制，以满足乡村振兴战略的需要。其二，投资农业农村是保障农业农村优先发展的基础，必须准确认识"三农"工作的重要性和长远性，要有全局观，而不是仅出于追求政绩的考量，应当从财政的层面着力为农业农村提供支持，进一步改善支农效能。

第二，从城乡融合发展的层面进一步改善要素配置，为农村的发展提供强有力的保障。农村地区许多生产要素逐渐开始向城市地区流动，使得两者之间陷入不平衡发展的局面，要想彻底解决好这一问题，则需要科学配置两地之间的生产要素，进一步加强制度性供给，推动资源要素向乡村转移，为乡村创造良好的条件。要想确保这一发展战略得到切实落实，实现各项资源科学配置，应当充分调动广大农民群众的积极性，健全体制机制建设。推动农业农村改革进程，从制度的层面为农业农村发展提供一个合适的条件。

第三，在公共服务方面体现优先发展。近年来，为更好地解决民生问题，国家进行了大量的尝试，先后颁布了一系列的政策以不断完善基本公共服务体系，这项工作具有长期性、艰巨性和复杂性，今后国家仍应当高度重视民众的利益，继续从制度、资金等各个方面入手，推动基本公共服务均等化发

展进程。在开展该项工作时应当始终遵循公平正义的指导思想，紧紧围绕广大民众的需求，重点是优化农村环境，为广大民众创设一个合适的环境，重点瞄准那些经济条件相对较差的人群，为他们的发展创造良好的条件，推动区域发展均衡化，使得基本公共服务进一步普及到农村地区，使广大民众能够享受到改革成果。

第四，向乡村振兴主战场选派大量高素质的党员干部，在干部配备环节提供强有力的保障。乡村振兴战略的顺利推进离不开人的参与，尤其是离不开更多高素质党员的支持，应当充分发挥这部分人的引领作用。在今后的工作中党和国家还应当不断加强对"三农"工作的领导，让优秀党员干部发挥聚人心、凝力量的核心作用，助力乡村振兴，既要善于选拔优秀干部，选优用优，还应当善于培养更多高素质的干部。一方面，应当构建起一套科学合理的工作机制，进一步优化农村工作领导体制；另一方面，还应当逐渐优化激励机制，在考核体系中纳入干部配备这一指标，让实绩考核发挥导向作用，为优秀干部创造良好的环境，以使其更好地投身乡村振兴。

（二）全面发展思维

深入分析不难看出，党的十九大报告中出现了"乡村"这一词语，用这个词语取代了"农村"。"乡村"这一词语最早出现于近代之前。随着经济社会的不断发展以及历史的变迁，近代以及现代经济学的"三次产业"分类理论将其界定为"农村"。农村即以农业产业作为主营业务的经济单元，据此，在现代经济系统中把其功能定义为为城市生产粮食。此外，党的十九大报告中还确定了"加快推进农业农村现代化"的目标，基于从前的"农业现代化"，其中还增设了新的内容，如"农村现代化"，然后把两者融合在一起，确立了新形势下我国"三农"工作的主要任务。这个发展目标的确立，标志着我国"三农"工作进入一个崭新的历史时期。

"农业农村现代化"战略是全面实现我国现代化、解决我国主要矛盾的有效措施，是由"农业现代化"到"农业农村现代化"战略的转变。

第一，"农业现代化"与"农业农村现代化"是国家处于不同发展阶段而提出的不同的发展目标，是对人类社会发展规律认识不断深化的过程。在城乡关系演进中，"农业现代化"战略的主要目的是进一步改善农村生产力水平，

使农村地区经济获得长期持续发展，尽快提高经济水平。近年来，我国经济不断发展，城镇化进程也日益提速，在这种形势下，我国提出了"农业农村现代化"这一目标，旨在避免农村地区与城市地区经济差距扩大，推动两者协调发展，确保城乡居民都能够享受到发展的成果。

第二，从"农业现代化"到"农业农村现代化"战略的转变，是充分认识社会基本矛盾相互作用过程的结果，是对社会主义建设规律认识逐渐加深的一个发展过程。具体来说，农村生产力决定农村生产关系。经济基础决定上层建筑；反之亦然。由此可以看出，不合理的生产关系和上层建筑会进一步阻碍农村生产力的发展，一条腿肯定不如两条腿走得快，为破除束缚，深入探索实现农业现代化的具体路径，最大限度地激发农村活力，应将农业现代化力量充实为农业农村现代化的双重力量，进而推动这一战略的实施。

第三，这一伟大转变是党和国家在实践过程中积累的宝贵经验与智慧结晶，是我党对执政规律认识逐渐深化的一个过程。在各个发展阶段，我们党对"三农"工作有不同的侧重点，也有不同的立足点和抓手，需要强调的一个问题是，在各个发展阶段，我党一直注重"三农"问题。农业农村问题是一个不可分割的整体，应该进行统筹协调和谋划，推动农业现代化进程。中华人民共和国成立之初，指出要加快农业现代化建设的同时注重农村建设，两者统筹协调发展，防止乡村发展掉队。改革开放后，国家强调社会主义农村建设的"新"，国家经济获得长期持续发展，我国进入新农村建设阶段。新时代，国家在充分兼顾"三农"问题的基础上，确定了这一战略目标，实现"农业现代化"尽快向"农业农村现代化"转变，彰显了"三农"工作的重要地位，在开展"三农"工作的过程中，一直把农业与农村结合在一起考虑，从总体上推动农业农村建设进程。

（三）城乡互补思维

在党的十九大报告中，我国提出了"城乡融合发展"的理念，取代了从前的"城乡统筹发展"理念，虽然"城乡统筹"到"城乡融合"只是一个用词的差别，然而其内涵却有了很大的提升，充分反映了党和国家在城乡融合发展方面的新思想以及重大举措。从中华人民共和国成立之初的很长一段时间里，国家形成了重工轻农、重城轻乡的思想，党中央提出"城乡统筹发展"，力图扭

转这种局面，促进工业反哺农业、城市支持农村的发展。进入新的发展阶段，结合国家当前存在的主要矛盾，国家提出了新的战略路径——建立健全城乡融合发展体制机制和政策体系，加快推进农业农村现代化。从"城乡统筹"到"城乡融合"是推动乡村振兴、解决社会主要矛盾的必由之路，也体现了对城乡关系进行重塑的迫切需要。

回顾中国城乡建设发展的历史可以发现，农村经济发展对我国经济发展有着重要的影响，为中国的城市化发展贡献了巨大力量。在对外开放之初，国家为推动农村地区发展，在综合考虑当时实际情况的基础上，着手实施"家庭联产承包责任制"，这一政策的实施是为了解决人民群众的温饱问题，在实践中取得了非常良好的效果。不仅如此，在20世纪80年代，国家结合自身的实际情况，提出了大力发展乡镇企业的战略，这在全球属于首创，这些经营主体给社会创造了大量的财富。直至21世纪，我国城市逐步具备了发展社会主义市场经济的条件，城镇化的优势充分显现，逐步实现了中国经济发展重心由农村向城市转移。

随着经济发展重心逐渐转向城市，乡村和农民的发展逐渐被忽略，导致"三农"问题进一步凸显。城市的快速发展得益于乡村和农民的贡献，但两者之间的差距进一步拉大，并且两者还存在着不平等关系。按照从前的城乡统筹发展思维，城市在整个体系中处于优势地位，而乡村却明显处于落后地位。乡村与城市是区域发展过程中必不可少的两个组成部分，两者存在着非常紧密的联系。新形势下，需要重新认识乡村的价值，党中央提出城乡融合发展的新思维，力求扭转城市代表文明、乡村代表落后的认识误区。所谓融合，即在两者之间构建起一种价值等值、地位平等、功能互补的关系。

城镇化不是恒定不变的直线运动，而是处于城镇化与逆城镇化的周期波动中进行的。在城镇化发展阶段，城乡一体化不断推进，在这一时期，农村各项要素逐渐开始流向城镇地区，但近年来"新回乡运动"正在悄然改变中国城镇化的发展模式，实现资源从城镇向乡村流动，形成城乡双向流动、双向驱动的新城镇化模式。"新回乡运动"的产生使城市资本开始逐渐投入农村地区。乡村振兴的关键是要让城市要素流回乡村，输入人才、资金和技术为乡村造血复活。因此，迫切需要将城市要素输送到农村地区的通道。这就需要从制度的层面构建起一个良好的环境，唯有如此，才能为各项生产资源的流动奠定坚实的

基础。除此之外，还需要尽快将城乡二元体制机制破除，构建起两者融合发展的良好体制，推动城市地区生产要素顺利流向乡村地区，利用城市资源优势反哺农村发展。城乡作为区域发展的两个主体，在促进经济发展过程中都起着不可估量的作用，两者的融合发展可以促进各项生产要素实现良性的双向流动，是两者相互促进的一种新模式。

第二章
基于乡村振兴的文化振兴探究

本章为基于乡村振兴的文化振兴探究，主要围绕乡村文化传承与发展的价值与困境、国外乡村文化发展的经验借鉴、乡村振兴战略的文化振兴路径、乡村文化助推文化振兴的典型事例四个方面展开论述。

第一节　乡村文化传承与发展的价值与困境

一、乡村文化传承与发展的价值

党的十九大报告提出乡村振兴战略，要求促进农村经济不断发展、政治更加民主、村民安居乐业、生态环境更加和谐。乡村发展从本质上来说是为了改善乡村居民生活环境，提高乡村居民的生活质量，缩小乡村与城市之间发展不平衡的差距。"文化兴国运兴，文化强民族强。"[1]历史与现实无不证明，要建设和发展好农村、实现乡村振兴，既要提升经济富强的"面子"，更要做好乡村文化发展的"里子"，这俨然已成为新时代乡村全面发展的关键和方向。乡村文化曾经在历史中焕发过灿烂的光芒，为乡村治理发挥过重要作用，在当代依旧是重要的历史文化资源。传承乡村文化中的优秀传统文化，有助于激发乡村居民对乡村的情感认同和文化自信，发挥文化的"扶志""治心""铸魂"作用，涵养乡村振兴的内生动力，助力乡村振兴发展。

---

① 中国民族语文翻译局. 决胜全面建成小康社会 夺取新时代中国特色社会主义伟大胜利 在中国共产党第十九次全国代表大会上的报告［M］. 北京：民族出版社，2017.

　　"我国农耕文明源远流长、博大精深，是中华优秀传统文化的根"①，而乡村则是中华传统文化生长的家园，是中华民族的文化根脉所系，不仅体现和反映了中国传统的农业思想、农耕技术与制度，还包含了中国古人与自然共生共存、"天人合一"的睿智以及提升乡村治理能力、促进乡村社会发展的治理哲学，是新时代中国特色社会主义文化发展的坚实根基。乡村文化也是乡村居民对于乡土的认同感、自豪感以及归属感的集中体现，是乡村水土在长期发展中形成的独特的以农耕文明为基础的精神创造，包含了乡村发展过程中创造的制度、物质和精神等层面的文化形式，是以"村落空间为基本依托所形成的村民共同参与、共同分享的文化活动，是一种建立在村落历史记忆、精神文化、生产生活之上的文化综合体，主要类型包括各类地方特色民俗活动、民族活动等"②。乡村文化的复兴是中国特色社会主义文化繁荣的生动体现，是坚定中国特色社会主义文化自信的重要依托。新时代，在乡村振兴战略的实施中深入挖掘乡村传统文化资源、传承乡村优秀传统文化精髓，有助于乡村居民从内在自发形成对乡村及乡土文化的热爱之情，拓展乡村发展思路，促进乡风文明建设。

（一）促进乡村经济发展

　　"物质变精神、精神变物质是辩证法的观点，实施乡村振兴战略要物质文明和精神文明一起抓。"③习近平指出乡村振兴不但需要物质文明，而且需要精神文明，乡村的发展要经济与文化"两条腿"走路，才能更加全面协调可持续，文化是政治和经济的反映，又反作用于政治和经济④。通过发展乡村文化，整合本土的文化资源，招商引资，融合先进的产业化管理理念，合理开发利用，亦能将乡村别具特色的宝贵资源转化为乡村经济发展的新动能，促使乡村经济发展由传统经济发展方式向现代经济发展方式转变，直接带来经济效益。优秀的乡村文化对经济发展能够起到积极的促进作用，在国内外许多乡村的发展实

---

　　① 习近平在中共中央政治局第八次集体学习时强调 把乡村振兴战略作为新时代"三农"工作总抓手　促进农业全面升级农村全面进步农民全面发展 [J]. 实践（思想理论版），2018（10）：5-6.

　　② 韩鹏云. 乡村公共文化的实践逻辑及其治理 [J]. 中国特色社会主义研究，2018（03）：103-111.

　　③ 吴德慧. 新时代农村基层党组织工作实用手册 [M]. 北京：新华出版社，2019.

　　④ 中共中央文献研究室. 毛泽东著作专题摘编 [M]. 北京：中央文献出版社，1964.

践中都得到有力证明。因此，传承与发展乡村文化，是乡村精神文明建设的重要途径，可以为物质文明的可持续发展提供智力支持，助力乡村转变发展观念、转换发展动能、营造发展氛围、创新特色发展方式，推进乡村振兴战略实施和乡村经济发展。

（二）推进乡村治理

习近平指出，优秀乡村文化能够提振农村精气神，增强农民凝聚力，孕育社会好风尚[①]。乡村优秀传统文化凝结了千百年来中国乡村建设与发展中形成的乡村治理规范、道德品行标准和民风民俗等人文精华，是千百年来中华儿女独有的精神世界以及在潜移默化中形成的价值观念。通过传承与发展乡村优秀传统文化，一方面，可以借鉴乡村优秀传统文化的教育与典范作用，充分发挥文化的"扶志""治心""铸魂"等作用，提升乡村居民的思想道德和文化素质，摆脱精神贫困、文化落后的局面；另一方面，对于现代乡村而言，乡村文化是现代乡村最基础、最深层的文化底蕴，可以在文化认同的基础上，帮助乡村居民摒弃旧习、解放思想，规范与完善村规民约，提升乡村治理水平，促进乡风文明建设，为乡村发展营造良好的人文氛围。

（三）提升中华传统文化自信

"农村是我国传统文明的发源地"[②]。中华民族的文化基因在广袤乡村的沃土上得以产生和延续，乡村为文明传承提供了丰富的物质载体。从远古文明的农耕文化，到革命战争年代形成的革命文化，再到中华人民共和国成立以来形成的社会主义先进文化，都离不开乡村这片土地。不仅如此，广大乡村的地理与人文条件差异还产生了拥有不同区域特征的各色乡村文化。滴水汇成河，各地的乡村文化构成了中华文化的丰富内涵与区域特色。在情感上，乡村更寄托了世代乡村居民的"乡愁"，是乡村居民甚至是城市化后的城镇居民内心和情感的依托。只有对乡村文化自觉热爱，才能更加坚定对中华文明的自信。引导人们对乡村文化的重新认识与发掘利用，有助于乡村居民提升对其生活区域所

---

① 习近平. 论坚持全面深化改革 [M]. 北京：中央文献出版社，2018.

② 中共中央文献研究室. 十八大以来重要文献选编 上 [M]. 北京：中央文献出版社，2014.

形成的包含物质、精神、制度等方面文化的整体认知，并在此基础上形成对乡村文化的集体效能感，增强对乡村文化的情感认同与价值认同，从而坚定对中华传统文化的自觉、自信。

二、乡村文化传承与发展的困境分析

（一）传承与发展乡村文化的困境

文化作为特定意识形态的产物，其形成具有复杂性与长期性的特点，中国传统乡村文化更是如此。我国广袤的地理环境为传统乡村文化发源提供了地域空间，自给自足的小农生产方式为传统乡村文化培育奠定了经济基础，儒家伦理文化思想为传统乡村文化成长供给了思想资源，国家社会政治结构对传统乡村文化塑造发挥了核心作用。乡村文化拥有丰富的内涵和独特的历史价值，除了依靠文字记载，乡村传统文化还通过器物承载、传统技艺，甚至口授等形式流传、传承。随着社会变迁，一些传承乡村优秀传统文化的载体屡遭破损、不断衰微，乡村优秀传统文化的发展逐渐弱化。

1. 乡村文化慢慢失去生存载体

古镇、古村落、民族村寨以及古建筑、文物旧址、农业遗迹等，都是中华文明中优秀乡村文化的物质遗产，它们承载着我国几千年的农耕文明，留存着过去的历史沿革，蕴含着独特的民俗民风等传统资源，拥有很高的历史考古价值、科学研究价值、艺术审美价值等，展现出中华民族的深厚文化底蕴，是乡村古文化的"活化石"，亦是珍贵的农耕文明档案库，应当受到很好的保护。以古村落保护的"典范"河南省为例，2012—2018 年河南省分批保护了 811 个古村落，保护工作仍在继续。但是，并不是所有的古村落都得到了很好的保护与发掘，大部分古村落面临消失的命运。伴随着农业向工业再向现代服务业的发展，人们的生活、工作、学习的重心开始由农村向城市转移，遗弃古村落似乎成为历史发展的必然，一些居住人口较少的自然村被整体迁移，古村宅被遗弃，甚至遭到不可复原的破坏。曾经富有诗情画意、满载乡愁的白墙红瓦飞檐被淹没在高大宏伟、气势磅礴、整齐划一的现代化城市建筑群中。那些质朴的乡村古器物，大部分因为失去了原有的环境或使用价值而被损毁沉入土中；一些尚且遗留下的器物，或因长久失修而破旧不堪，或被现代所谓的"翻新复

古"遮蔽了本色，或被陈列在博物馆中，已经失去了承载乡村文化的功用。随着那些承载着乡村传统文化因子的器物被破坏，优秀传统乡村文化也失去传承的载体，逐渐走向衰微。

2. 乡村文化传承断代

乡村优秀传统文化象征着乡村文脉，是代表中国传统文化特色和地域特色的文化符号。诸如乡镇志与村志，它们发挥着同国史一般的作用，不仅记载了一个地方、乡村的地理与历史面貌，还同乡约、族谱、家书一道直观地记录、反映出乡村历史最真实、最鲜活的一面。古时，各地撰写过很多乡村志书，但因为历史的变迁，能保存至今的屈指可数。如《四库全书》中的安徽池州杏花村的村志，就是清代书生郎遂花了 11 年时间苦心撰写成的，详细记载了晚唐诗人杜牧问酒的杏花村的原始风貌，但仅有一部。乡村文脉断代散落直接影响后人具体了解乡村当时当地的人文环境、风土人情，乡村优秀传统文化的传承也随之断裂，它们的"散落"和消失对中华文明甚至世界文明来说都是一种损失。

3. 乡村文化的教化作用衰退

同"乡村志书"等文脉一道传承乡村文化的还有乡村世代累积的家风、家训、家教，亦是乡村优秀传统文化的精华，曾经勉励了无数乡人淳朴为人、踏实做事、勤勉图强。还有如"德业相劝，过失相规，礼俗相交，患难相恤"[1]的乡规民约，也发挥了凝聚人心、教导群众、淳化民风的作用。然而，由于近代以来的各种因素，导致乡民忽视与淡忘了传统家风、家训、家教。许多勤俭朴实的优秀品质，伴着年代的变革、社会的发展，在各种利益的驱使下逐渐被"淡化"。乡村优秀的家风家训正是传承乡村优秀传统文化的桥梁，它们的淡化是对乡村优秀传统文化的消解。如若"民风不古，民俗日偷；长此因循之，危其殆哉"[2]，乡村的现代治理将会困难重重。

4. 乡村文化的特色渐失

在现代化建设进程中，传统技艺、民俗的发展需要生存的环境、传承的后人和展现的舞台。有很多优秀的乡村技艺，如艺术剪纸、面塑、烙画等，还有

① 王露璐. 乡土伦理 [M]. 北京：人民出版社，2008.

② 刘焱. 周恩来早期文集 [M]. 天津：南开大学出版社，1993.

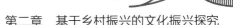
吴桥杂技、"打树花"等非物质文化遗产，都是大众才智的结晶，也是中华民族生活百态的缩影，有着独特艺术与历史价值和魅力。然而，许多传统技艺没有专业人员沿袭和传承，只能面临失传的命运，终将成为历史的遗憾。如古书中出现的"木牛流马"、宋代的织布机等，因制作技术的失传，至今无法复制再造。还有一些乡村传统节日的庆典活动、迎神祭祀等，从公共管理学、社会学、心理学角度来看，对于乡村现代治理都有非常积极的作用。然而，由于乡村人口"空心化"，传统节日中的民俗活动主体不断减少，民俗活动也在慢慢地淡出乡村生活。

（二）乡村文化传承与发展的制约原因

乡村文化发展需要成长的土壤，需要传承的途径，还需要各类人才的支撑。在现代文明发展的进程中，城市扩张、城乡发展不平衡、乡村居民观念变化等都影响着乡村文化的发展。

1. 现代城市扩张缩小了乡村文化的生存空间

乡村的衰落正是文化的消失，乡村文化的生命力必须附着于实体性的乡村才能存在，必须有其载体和文化空间。马克思认为："城乡之间的对立是随着野蛮向文明的过渡、部落制度向国家的过渡、地方局限性向民族的过渡而开始的，它贯穿着全部文明的历史并一直延续到现在。"①他还指出，伴随大工业的发展，城乡日益分化和对立，城市不断扩大规模和增强发展能力，乡村的劳动力、资本等发展资源则被城市大量抽取，从而"使城市最终战胜了乡村"②，"使农村屈服于城市的统治"③。纵观人类社会文明发展的历程，城市文明的发展必然导致乡村文明的衰退，城市文化的扩张使乡村文化赖以发展的空间越来越小，乡村优秀传统文化赖以成长的土壤逐渐消失。在中华人民共和国成立后的工业化改造和社会现代化建设过程中，国家经济工作的重点从农村转移到城市、从农业转移到工业，与之相适应的必定是农村实际空间的缩小以及农村人口的减少。1975 年，我国的城市化率仅为 17.34%，到 2018 年已接近 60%，曾经大多数人口生活在农村的境况悄然成为历史。随着农村人口向城市迁徙，

①　中共中央马克思恩格斯列宁斯大林著作编译局. 马克思恩格斯选集 1 [M]. 北京：人民出版社，2012.

②　同①.

③　中共中央马克思恩格斯列宁斯大林著作编译局. 马克思恩格斯选集 3 [M]. 北京：人民出版社，2012.

传统意义上的农村开始日渐衰落，其中自然村和古村落消失的问题尤其突出。《中国传统村落蓝皮书：中国传统村落保护调查报告（2017）》显示，从2010—2014年，"江河流域"的传统村落就从1 033个缩减到572个，消失了461个，其中不少是具有独特历史风貌的古村落[①]。传统村落的消失直接造成了乡村文化失去得以承载的载体，对乡村文化的传承和发展造成了颠覆式的破坏。

2. 忽视乡土文化认同导致传承的路径消失

乡村教育是培育乡村居民尤其是青少年对乡村优秀传统文化的认知和认同的主要途径。中华人民共和国成立后，党和政府对农村教育事业的发展都十分重视。考虑农村教育发展存在的实际困难，政府通过政策引导、经费支持、制度保障等多重举措，大力推动农村教育事业发展。但是从各类农村教育的培养方案上来看，总体上还是侧重于为城市的社会经济建设输送人才。综观现代乡村教育所包含的学龄前教育、农村九年义务教育以及农民职业培训教育三大教育体系，在培养方案和教学内容设计上几乎没有与乡村优秀传统文化相关的专项内容。基于乡村人才振兴的视角，农村教育更应该成为培养"爱农业、爱农村、爱农民"的新农村建设人才的主要阵地，这样才能更好地建立一个"富而有教、智而好德、乐而进思"[②]的乡村社会服务体系。但是现代农村教育体系中，尤其是农村义务教育中缺乏农村、农业、农民素材，缺少"土味教材"，无形中让农村孩子从心理上对农村产生疏离感，不能触及乡村优秀传统文化的内涵，无法对乡村优秀传统文化产生认同。

3. 城乡公共产品供给非均等化产生的影响

随着城市化扩张，城市与乡村在政治、经济、文化等诸多方面呈现出越来越不平衡的局面，乡村的衰败使乡村文化成为被摒弃和被清理的对象，乡村文化遭遇了生存危机。长久以来，城乡公共产品供给处于不平衡、不均等化的状态，导致城乡之间的发展差距逐渐增大。城市拥有更完备的公共基础设施与服务体系、更好的就业环境与创业平台、更完善的居住条件等。反观农村，农村经济社会各项事业的发展较为落后，加之公共产品供给长期处于短缺的状态，与城市相比相差较大。

---

① 胡彬彬，李向军，王晓波. 中国传统村落蓝皮书：中国传统村落保护调查报告（2017）[M]. 北京：社会科学文献出版社，2017.

② 容中逵. 当代中国乡村教育发展的基本架构 [J]. 中国教育学刊，2011（03）：30-33.

21 世纪以来，国家针对传统乡村文化衰败问题进行了一系列改革，试图通过各种强农惠农政策、文化建设项目、财政转移支付等方式，复兴传统乡土文明。特别是党的十八大以来颁布的《中华人民共和国公共文化服务保障法》，更是为乡村文化公共服务建设提供了政策支撑。然而，自上而下的公共文化产品供给因未结合当地实际有效开展文化活动，效果并不明显。乡村公共文化供给的经费投入与城市相比存在着明显的资金短缺问题。许多农村文化馆和文化站因为经费不足而面临关闭的威胁。乡村文化资源的流失与匮乏直接导致了传统乡村文化得不到有效保护与发展。由于缺乏对传统乡村文化的总体规划，我国在传统乡村文化保护层面依然缺乏整体性的文化供给机制。即使一些政策文件已经出台，但由于缺乏具体的可行细则，在现实社会中很难转化为实际行动。而在文化管理体制上，长期以来政府部门对传统乡村文化的管理工作存在着边界不清、职责不明的问题，这也使得许多文化建设问题得不到及时有效的解决。由于传统乡村文化的管理机制不完善，无法切实发挥保护传统乡村文化的目的，因此无法真正吸引广大村民参与到乡村文化的建设之中，从而导致了乡村优秀传统文化的传承主体逐渐萎缩。

第二节　国外乡村文化发展的经验借鉴

一、国外乡村文化建设的经验

（一）积极建设乡村公共文化设施

世界各国都加大投资力度，加快乡村文化基础设施建设。发达国家因现代化较早，物质基础比较雄厚，早已解决了城乡二元社会的问题，城乡文化发展一般也是同步的。如在日本多数乡村都设有自己的乡村博物馆，几乎每一个乡村都有几座或十几座古老的民居被政府认定为保护单位，政府给予民居主人资助，以便对民居进行修缮保护。但对于现代化起步较晚、生产力水平较低的国家，则纷纷节约经济建设开支，把有限的资源投入乡村文化基础设施建设，以支持和推动乡村文化事业的发展，使有限的财力发挥最大的效用。韩国在推进"新村运动"的过程中，由政府出资，在农村兴建"村民会馆"，政府利用这一

机构,把新时期乡村文化的系统建构策略和国家主导文化价值观灌输到社会最基层,以对基层乡村社会的政治和文化进行管理。"村民会馆"的主要职能包括农业科技教育、农田耕作管理教育以及乡风文明教育等内容,不仅传播了农业、农村发展的文化知识,直接推进了韩国乡村经济的发展,还通过"村民会馆"向广大农民灌输了韩国政府的主导理念。在印度,喀拉拉邦推行"民众科学运动",政府专款兴建乡村公共文化设施,扩大图书馆等文化活动空间,促进农民积极参与,不断提高农民的精神文化生活质量。从运动的整体进展看,"民众科学运动"最基本的特征就是"全民性",即全民的参与、全民的推进、全民的活动、全民的提升[①]。

(二)加强提炼乡村文化精神内核

世界各国因文化传统不同、文化底蕴不同,特别是风俗习惯的不同,在文化建设上有很大的差异,但都把时代精神和民族精神作为文化建设的主要目标。第二次世界大战后的韩国开展的"新村运动"就是韩国政府面对战后经济落后、农村人口居多的国情,所推行的一场民族"联合自强"的农村运动。这场重建家园的"新村运动"开始于农村,但很快就遍及城市,不仅推动了农村经济和社会的发展,还极大地振奋了整个韩国的民族精神,实现了时代精神与民族精神的紧密结合,加快了韩国的工业化进程,推进了韩国由农业国到现代工业国的转型,使韩国迅速步入现代化国家。

(三)注重保护与建设乡村文化

在日本,乡村文化的发展状态甚至超过了城市,在乡村文化建设上,以全面提升乡村社会生活质量为基础,以生活工艺运动为载体,逐步重视并且推进传统文化的价值。把乡村里在工艺技术或表演艺术上有"绝技""绝艺""绝活儿"的老艺人认定为"人间国宝"。一旦认定后,国家就会拨出可观的专项资金,录制其艺术,保存其作品,资助其传习技艺,培养传人,改善其生活和从艺条件。日本还颁布《文化财产保护法》,其中关于乡村文化的包括有形乡村文化和无形乡村文化的认定。前者包含乡村各种生活用具和生活设施,后者包

---

① 周军. 中国现代化进程中乡村文化的变迁及其建构问题研究 [D]. 长春:吉林大学, 2010.

含乡村的各种风俗习惯和民间艺术，日本还建立了覆盖全国乡村的保护重要乡村文化的专业协会。几十年来，对乡村文化激励机制的推行，已经使日本乡村戏剧、乐舞、曲艺等表演艺术从濒危到重生再走向新的繁荣。对于乡村文化的保护，不仅依靠日本政府在政策、立法、制度上的支持，还有日本民众广泛的认识和坚实的社会基础。

（四）加强对农民的培训

各国政府都十分关心对农民的教育和培训。韩国设立专门的农民教育研究所负责农民的职业教育、农业技术教育以及计算机等现代技术教育。通过对农民的综合性培训，提高农民从事农业生产的基本技能，为农业的发展奠定了综合性素质基础。法国政府也非常关注农民的职业教育，在提高农民素质方面注重综合培养，并规定农民只有取得了各种职业合格证书后，才能获得经营农业的资格以及享受国家补贴和优惠贷款等待遇。法国农业部还与地方共同出资，建立农业技术中学，由国家和有关企业出资对农民进行实用的技术培训，并支付给农业学徒工一定的报酬。美国特别注重农民的技术创新培训。在农村建立各种培训班，特别是对青年农民进行系统培训，美国还开办了多个农民俱乐部，提高青年农民的农业技术和农业经营能力。同时，对成年农民实施继续教育，传授新的技术知识，使成年农民更能适应环境的变化，跟上技术进步的步伐。

二、国外乡村文化建设对我国的启示

国外乡村文化建设的经验启示我们，在推进我国社会主义新农村建设的过程中，必须重视文化与乡村社会建设的协调性，注重乡村文化资源的保护、开发和利用工作，注重对农民的培训，把推进乡村文化建设作为新农村建设的重要途径。乡村文化建设离不开特定的农村自然环境、社会环境和人文环境，必须立足于乡村社会发展的实际，大力加强乡村文化建设、经济建设、政治建设、社会建设，以保证乡村建设的全面性、整体性、协调性和可持续性。要重视乡村文化的投入，健全乡村公共文化体系建设，以"硬件"建设为基础，完善文化物质设施，形成完善的文化服务体系，为农村文化建设与发展提供基础性物质支撑。要加强社会主义核心价值体系建设，坚持马克思主义指导思想、中国特色社会主义共同理想、以爱国主义为核心的民族精神和以改革创新为核心的

时代精神。既要保护优秀传统文化资源，又要发展乡村特色文化，努力建设新的文化增长点。

充分发挥乡村文化的教化、协调功能，促进和谐文化建设。要大力加强农村和谐文化建设，按照民主法治、公平正义、诚信友爱、充满活力、安定有序、人与自然和谐相处的总要求，逐步培育农民的和谐理念，弘扬和谐精神，推进不同文化之间的交流与融合，增强乡村文化建设的活力。借鉴国外乡村文化建设的经验，在推进经济建设的同时，关注乡村文化建设，丰富与发展我国乡村的文化生活，坚持"请进来"与"走出去"相结合的文化交流与融合机制，既着眼于世界乡村文化建设与发展的潮流，又着眼于中国乡村自身的文化发展实际，不断推陈出新，才能为中国乡村建设与发展提供更好的人文环境，积累乡村的文化资本，促进社会主义新农村建设更好地发展。

第三节　乡村振兴战略的文化振兴路径

一、传承与发展提升乡村文化之路

乡村文化是中华优秀传统文化的根与魂，数千年农耕等文化蕴含的耕读传家、勤劳质朴、厚道淳实的道德文明和天人合一的生态伦理，传承的是乡土文化中具体的人文特征、价值观念和审美情趣，并在潜移默化中影响人们的思想观念、价值操守和行为方式。这种精神价值和文化意识是维护乡村秩序的基本依据，更是实现乡村振兴的深厚根基。

习近平总书记曾用"乡愁"来表达乡村文化建设的意义：乡村文化振兴就是既要留住乡村生态，又要传承乡村记忆，同时与现代文明融合发展，让"乡愁"具象化。

（一）保护乡村生态文化

背山面水、倚山择险的村落选址格局和山林环绕、田野阡陌、溪河流淌的自然景观环境构成了乡村生态的典型特征，传达的是中华传统的村落选址原理，表达的是人与自然和谐统一的价值观。在城市社会经济快速发展的背景下，城市环境问题和居民身心健康问题日渐受到重视，乡村生态优势和生态价值日

益凸显。休闲农业、观光农业、田园康养、生态旅游、生态度假等乡村生态资源依托型的新产业、新业态如雨后春笋般涌现,以生态产业化和产业生态化为主体的乡村生态经济体系为乡村振兴提供了持续动力。因此,我们要不遗余力地维护好乡村生态文化,通过改善乡村生态环境、构建国土空间开发保护机制、健全自然资源资产产权制度,统筹乡村人居环境整治、乡村自然资源利用、乡村生态系统保育协调发展,从而维护乡村生态平衡,重建乡村生态文明,"让村民望得见山、看得见水、记得住乡愁"。

(二)继承乡村传统文化

乡村传统文化的传承是要在保护的基础上传承与发展,保护为先,切实保护好优秀的传统文化遗产,推动其合理适度利用,让乡村文化既留得住,又能传下去。

传统村落是我国农耕文明的"活化石",蕴藏着丰富的历史信息和文化景观。其流传下来的传统建筑、戏曲舞蹈、手工技艺、民俗服饰、节日庆典等传统文化是各地乡村彰显其特质的重要文化资源,通过对这些传统文化的活态利用、创新转化,推动乡村特色文化旅游发展,既是对优秀传统文化的有效传承,又实现了传统文化的经济价值。西江千户苗寨、黟县宏村、西双版纳傣族园通过对传统文化的整理保护和升华利用,给传统文化提供了弘扬的路径,给游人提供了文化参与和体验的载体,也给村民提供了产业兴旺的媒介,实现了多方共赢,也实现了乡村振兴。

(三)创新乡村生存文化

近年来,村民的物质文化需要正在由注重量向注重质转变。尤其是文化产品消费方面,村民不再满足于政府提供的统一、单一的文化产品,他们的文化产品需求越来越多样化,这也是乡村文化发展的活力源泉。

在城乡融合发展和农业农村现代化的历史条件下,乡村文化的传承与发展要更多地考虑将传统文化和现代文明相结合,赋予其新的时代内涵和意义。既要发挥乡村文化中蕴含的优秀价值观在凝神聚力、文明乡风等方面的现实功能,又要考虑将这些传统村落、民族村寨、古建遗存等蕴含的文化元素转化为品牌化的乡村文化产品,并以乡土风俗、建筑形态、村落环境等为载体,以通

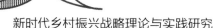

俗易懂的形式将其进行创造性转化和创新性发展，让乡村文化在新时代展现其魅力和风采。

比如，在村庄规划建设过程中，可以打造独属于本地的精神地标与公共空间，对传统文化进行承载，同时可通过举办仪式节庆、展会、赛事等活动，对传统文化进行传播，或在进行新增居民点选址布局时，考虑根据亲缘关系形成邻里组团，顺应村民对邻里亲缘关系的需求，以减少对搬迁的抵触等。

二、文化引领乡村振兴

"设神理以景俗，敷文化以柔远。"（王融《三月三日曲水诗序》）文化是事物发展之基石，乡村文化所蕴含的传统价值观是维系中华文明生生不息的灵魂。乡村的振兴与发展必须以文化为引领，通过深入挖掘乡村文化内涵，精准提炼、创造转化、创新传承，以"文化+"为着力点，实现其与现代文明的融合发展，发挥文化的引领和链接作用，让各种文化元素充满乡村的每个角落，体现在村民生产生活的方方面面，展现乡村的独特魅力，助推乡村振兴发展。

（一）文化场景化

乡村文化的传承与发展是以乡村生产生活为依托，以村落布局、建筑形态、环境风貌、节庆风俗、村规民约等为载体，通过村民代代相传、生生不息。乡村文化的振兴就是要发展、维系原有的生活方式、邻里乡情、文化心理，以乡村为中心、以村民为中心，尊重村民的生活需要，理解村民的精神需求，通过文化的场景式转化，将传统文化元素融入生活的方方面面，从而获得村民的心理认同，催发乡村振兴的内生动力。

岭南村落的榕树下、苗寨的古井边、侗乡的风雨桥，这些都是不同文化地域乡村发展过程中逐渐形成的社会性活动场所，是村民进行休憩交流、棋牌曲艺等自发性活动的主要场所；儒家传统导向下的宗祠、侗族的鼓楼、苗族的踩谷场等则是不同文化信仰下村民进行节庆活动、集体会议的场地。这些物质性要素是村落文化的外在体现。我们在村落的规划建设过程中，一方面要加强保护，保留这些自发性、社会性的活动场所，并以此作为邻里空间和集体活动的主要场所；另一方面要注重发展，深入挖掘村落历史沿革、传说典故、民俗风情、图腾信仰、名人轶事等，将其主要文化元素融入场地场所设计、活动策划、

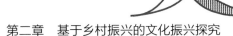

生产生活方式中，实现传统文化的场景式再现。

（二）文化产品化

产业是社会发展的基础，也是乡村发展的基础，乡村的文化振兴与产业振兴相辅相成。2018 年 9 月，中共中央、国务院印发的《乡村振兴战略规划（2018—2022 年）》提出要"发展乡村特色文化产业"。2019 年的中央一号文件提出坚持农业农村优先发展的总方针，并强调要"加快发展乡村特色产业"，"创新发展具有民族和地域特色的乡村手工业"。

乡村文化产业的发展是乡村文化振兴的重要促进力量，也是推动乡村社会和经济全面振兴的基本保障。文化+生产就是要以乡村深厚的文化资源为依托，以当前的消费需求为导向，发展具有传统乡村地域特色和民族特色的文化产品和特色服务。具体来说，一方面，要梳理整合乡村文化资源信息，发掘其特色，创新其呈现形式，打造成文化 IP；另一方面，要充分发挥文化的连接作用，开展乡村农副产品精深加工和文化产品手工制作，并借助互联网、物联网、大数据等现代信息技术，打造生产—储运—加工—销售一体化特色产业链。同时，也要深入挖掘乡村文化的内涵，以文化消费需求为切入点，因地制宜，打造"一村一品、一村一特"的文化品牌，以此优化乡村产业结构和产品品质，推进产业链延伸和价值链提升；增强乡村产业发展稳定性和长效性，促进乡村综合实力和竞争力的提升。

刺绣、织染、造纸、雕塑、剪纸等传统手工技艺是我国乡村文化艺术的瑰宝，歌舞曲艺、婚典礼仪、特色美食、民族中草药等也是我国乡村文化的重要遗产。物质化的产品可以通过文化导入夹强化地域特色和品牌，并进行销售，或开展现场制作工艺传习和体验；非物质的产品如节庆、歌舞等可以通过活动、演艺等方式进行传承和展示，同时也可以借助网络平台进行传播，从而实现产品化转化、产业化发展。

（三）文旅一体化

当前，乡村旅游已成为众多旅游项目中极具产业发展潜力的旅游类型，成为促进乡村脱贫攻坚、实现乡村社会经济发展和美好人居的重要路径。然而，随着人们生活水平的提高，单纯的观光旅游模式已经无法满足人们多样

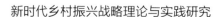

化和个性化的消费需求，文化逐渐成为旅游产业的灵魂，文旅一体化发展成为发展趋势。

乡村文旅一体化要以"三农"为基础、以文化为灵魂，通过对乡村自然生态、传统生活、民俗风情、农耕生产等元素加以整合，构建乡村特色文化产业链条，创新价值增长空间。乡村文旅一体化是文化+农业+旅游，即以农业为基础，以文化为核心，以旅游为主线；也可以是文化+农业+手工业+旅游，即以文化为核心，以农业为基础，以旅游为主线，以农副产品加工或传统手工艺为延伸的产业联动和融合发展路径，发挥 1+1+1＞3 的融合发展效益。例如，以农耕文化为依托，组织开展田园观光、耕作体验、自助采摘、科普教育等；以民俗风情为依托，开展乡村竞技、歌舞观演、节日庆典、嫁娶婚俗等参与性、体验性活动；以传统手工技艺为依托，建立传统工艺传习馆和作坊，既可以参观演示、传习教授，又可以成品售卖；以历史文化为依托，开展历史文化专题教育，生动系统地展示和宣传农耕文化、游牧文化、红色文化等文化类型的特色和历史，打造以中小学科普教育和企事业单位团建为主要对象的乡村文化教育基地等。

值得关注的是，在发展乡村文旅一体化的过程中，要坚持以环境保护、生态文明建设为重点，处理好生产、生活、生态与开发利用的关系，要建设的是"望得见山、看得见水、延得了文脉、留得住乡愁"的美丽乡村。

文化是随着经济、政治、社会发展而形成的，其一旦形成，就能反作用于经济社会的发展。乡村文化振兴的重点是使村民增强乡村文化认同感和自豪感，强化文化自信根基，弘扬和传承优秀传统文化，激发新时代乡村振兴的内生动力。

当前，乡村振兴战略为乡村文化发展赋予了更为丰富的内涵，提供了更多的政策支持、更宽阔的平台、更雄厚的资金和更有力的人才支持。而与此同时，乡村文化建设也面临着经济社会市场化、生活网络化等问题。面对乡村文化建设和发展中所面临的机遇和挑战，应更加重视以文化促进城乡联动发展——要立足于满足村民基本文化需要，培育更高层次的文化追求；要注重公共文化服务品质的提升，尊重村民文化差异化发展的权利；要发挥乡村文化能人的作用，打造本土文化人才队伍；要直面乡村文化发展困境，夯实乡村振兴的文化基础。

第四节　乡村文化助推文化振兴的典型事例

乡风文明建设既是乡村振兴的重要内容，也是乡村振兴的重要推动力量和重要保障。加强乡风文明建设，既要传承优秀传统文化，更要发挥好先进文化的引领作用，同时，充分尊重乡村本位和农民主体地位，围绕农民需要提供文化服务，组织农民开展文化活动，提升农民素质和乡风文明程度。

一、碌曲县：推进乡风文明建设

（一）基本概况

碌曲县位于甘肃省西南部，地处青藏高原东部边缘，甘、青、川三省交界处。全县平均海拔 3 500 米左右，属高原湿润气候，年平均气温 2.3℃。县域总面积 5 299 平方公里，全县辖 5 镇 2 乡 2 场、24 个行政村、95 个村民小组，总人口 3.73 万人，县内聚居着藏、回、东乡、土、保安、撒拉、蒙古、满等8 个少数民族，少数民族人口占全县总人口的 92% 以上，藏族人口占总人口的88% 以上。碌曲县大力开展各类文化活动，成功举办中国·碌曲锅庄舞大赛、"魅力碌曲"摄影大赛、民歌大赛、锅庄舞文化学术研讨会等特色活动及赛牦牛、藏式摔跤、藏式围棋、大象拔河等特色赛事，促进了当地文化事业的蓬勃发展。2017 年，全县文化产业增加值 1 885 万元，比上年增长 14%；从业人员236 人，比上年增长 31.8%；资产总计 3 360 万元，比上年增长 24%[①]。

（二）做法和成功经验

党的十九大报告中提出了乡村振兴战略，这是一项推进农村社会协调发展的系统工程。其中，乡风文明是乡村振兴战略的灵魂，是农村精神文明建设的核心，是建设社会主义新农村的和谐动力。碌曲县人民政府积极响应甘南州"文化撑州"战略，以社会主义核心价值观为引领，完善"九大工程"，大力建设

---

① 甘南藏族自治州统计局.2016 年碌曲县国民经济和社会发展统计公报［EB/OL］.（2017-05-08）［2023-03-15］. http://tjj.gnzrmzf.gov.cn/info/1045/1379_2.htm.

文明乡镇、文明村落。其中"生态文明小康村"建设是国家重点宣传的乡村建设项目。近年来，碌曲县在巩固农牧村思想道德教育上、在弘扬民族优秀传统文化上、在满足农牧民美好生活希望上都有了很大的提高。

1. 形式多样的思想文化教育

为切实加强精神文明建设，牢牢把握正确导向，碌曲县人民政府创新宣传方式，唱响主旋律，不断巩固全县各族群众共同繁荣发展、共同团结奋斗的思想基础。深入实施公民道德建设工程，加强社会公德、职业道德、家庭美德、个人品德建设。加强青少年的思想教育和道德品质、心理健康、法治教育，引导青少年知荣辱、明是非、讲正气、尽义务。县委理论中心充分发挥示范带动作用，推动"两学一做"学习教育，编写《碌曲县形势政策宣传教育读本（2016年）》并发放到各乡镇、寺院和县直属部门，为广大干部群众和僧侣及时学习了解党的方针、政策和中央、省、州和县委各项决策部署提供必备的学习素材。开展了农牧村文化墙建设，在街道两侧布置文化墙，绘制符合社会主义核心价值观的宣传画，营造浓厚的文化氛围。

2. 深化基层创建活动

全面提升"道德讲堂"活动质量，"道德讲堂"按照名称规范、标识一致、场所固定、流程统一的要求，用"身边人讲身边事，身边事教育身边人"的方式，不断创新、增强实效，真正使干部群众在精神上受到洗礼、在思想上受到震撼。贯彻《公民道德建设实施纲要》，以"好家风、好家训"为重点，传承中华传统美德，选举推荐20多名孝老爱亲、敬业奉献、见义勇为等身边好人，并将他们的先进事迹在社区、乡村宣讲50余场次，让身边的好人好事家喻户晓，传播正能量。撰写民族团结的先进事迹，通过广播、电视、报纸等传统媒体和微博、微信、网络等新兴媒体，对"民族团结一家亲"好故事的事迹进行广泛宣传，使民族团结进步先进典型家喻户晓，成为全社会学习效仿的榜样。以基层道德评议会为依托，扎实开展"我推荐、我评议身边好人"活动。大力推进群众性精神文明创建活动，深入开展文明乡镇、文明村组、文明社区、文明行业、文明单位、文明寺院创建活动，规范制度管理，提升创建标准，丰富活动载体，形成示范带动，提高全社会文明程度。

3. 增加群众活动

2016年8月，碌曲县成功举办第五届中国·藏族锅庄舞展演及中国·碌

曲第二届锅庄舞文化论坛。2012 年首届碌曲县锅庄舞大赛举办之时，参赛范围仅限碌曲县各乡镇、各部门，之后影响逐年扩大。展演以"共舞锅庄之乡，共庆和谐盛世"为主题，旨在传承和弘扬民族优秀传统文化，推动旅游文化融合发展，全力打造九色甘南香巴拉和魅力碌曲旅游品牌。来自西藏、四川、云南、青海、甘肃等藏族聚居区的 29 支代表队共 1 600 多名锅庄舞表演者参演，范围覆盖全国藏族聚居区，特别是西藏日喀则、云南迪庆、四川阿坝等地区的锅庄舞表演丰富了锅庄舞的表现形式，为展演增添别样风采。2016 年 10 月举办以"弘扬传统文化，打造艺术精品，展示民族书法家风采"为主题的首届"吞米真传"全国藏文书法网络选拔赛获奖作品展，全国 5 省区藏区共 80 多人选送参赛作品 150 多幅。2017 年元旦春节期间举办"百万农牧民体育健身"活动，各乡镇开展了赛马、押加、篮球、长跑、拔河等比赛活动，在艾玛镇举办"洮河杯"青少年足球比赛、迎新农牧民篮球运动会等。

（三）借鉴意义

1. 创造乡风文明环境

每年组织干部职工在行政村和旅游景区打扫卫生 2～4 次，并在村道两旁和景区内根据实际情况新建垃圾箱，教育广大农牧民垃圾集中处理，不随意丢弃生活垃圾，达到人人保护环境的目的，以"改陋习、树新风、塑形象，创建文明健康的新生活"为突破口，在村民中倡导科学文明的生活方式。结合各村实际情况，经村民代表大会通过，制定"村规民约"，通过一些奖罚措施引导农牧民群众共同监督遵守。增强村民"创造优美生活环境，从我做起，从自家做起"的责任意识，逐步养成卫生、文明的生活习惯，不断提升村民的自身素质。在村里开展"星级文明户""五好文明家庭""文明行为"等评选活动，加强环境卫生整治。组织食品卫生、公共场所卫生知识培训，形成人人讲究卫生、人人监管卫生的良好村风。

2. 传承创新优秀民族文化

全面整合各县现有可利用文化资源，依托每年一届的"香浪节"暨锅庄舞大赛等旅游热潮，开发乡村旅游，使碌曲县成为甘南旅游目的地之一。继续围绕"做活文化、发展旅游、提升劳务"三句话来抓强第三产业，以促进旅游与文化深度融合、促进群众增收为目标，深入各景区和部分村组实地调研，有效

挖掘藏民族文化资源，重点塑造藏传佛教文化、民族民间文化、饮食文化、民俗文化、生态文化、藏民族生产生活文化、藏式服装首饰文化等"七种文化"旅游形象，全力推进洮河流域休闲度假项目和特色乡村旅游项目开发，切实增强劳务与服务业相互带动转化的活力，加快发展旅游文化产业。推进发展碌曲县双岔乡二地村南木特藏戏、藏医药等非物质文化遗产，建设传习、学研基地，结合会展、节庆等进行宣传推广。利用现有的文化设施，大力宣传藏民族文化，着力发展以郎木寺、拉卜楞寺等寺院为代表的藏传佛教文化，切实抓好寺院文物的保护和开发利用工作，积极申报符合条件的文物为国家重点保护文物。

依托资源优势，以市场为导向大力发展旅游业，突出农牧村的区域特色、文化特色、民俗特色，吸引外来资本和民间资本加快发展民族特色文化产品和旅游纪念品的加工。重点开发具有民族特色的佛像、佛珠、唐卡等旅游纪念品，并按照"政府引导、市场运作、多元主体、全民兴办"的原则，鼓励农牧民兴办旅游实体藏家乐、牧家乐、农家乐、帐篷城等，在全村形成"行、吃、住、旅、购、娱"一体的服务体系。引导、动员、鼓励广大牧民群众将民族风情、饮食文化和畜牧业生产相结合，积极创办畜牧民族特色的"生态牧家乐"，规范经营行为，打造旅游品牌，增加群众收入，改善生活条件。大力宣传有关畜牧业的知识，通过科普宣传，让广大农牧民充分认识到发展畜牧业是实现可持续增收的重要途径，形成自觉、积极主动地发展畜牧业生产的意识，推动现代畜牧业的发展。通过招聘返贫户及未脱贫户家中富余劳动力，达到带动贫困人口脱贫及提高农牧村人口经济收入的目的。邀请专业人员对农牧民群众进行餐饮业就业培训，增加牧民收入渠道。大力扶持各村致富带头人，用身边的事教育和鼓舞身边的人，激发群众致富的积极性和主动性。

3. 创办群众性文化活动

围绕特色，培育文化，抓好群众性文化活动，配合完成文化、科技、卫生、法律"四下乡"和"千台大戏送农牧村"活动，主办"精神扶贫，送戏下乡"文化惠民演出等展演活动，创作编排一批富有特色、贴近群众生活、反映时代风貌、体现党的理论和路线方针政策的文艺作品，更好地满足人民群众对精神文化的需求，做好宣传，引导农牧民参加公益活动，提升自身思想意识，丰富日常生活。深入挖掘民族特色文化资源和产品，传承民族历史文化。开展书法、绘画、摄影、文学大赛和弹唱队比赛等形式多样的群众自办文化体育活动，引

导广场文化活动健康、规范、有序开展。积极与学校等单位进行合作，邀请专业老师下乡开展科学艺术文化普及、法治宣传、社保救助、卫生计生、养老助残等惠农服务的宣传培训，使农牧民群众了解政策，更好地运用于日常生活中。利用村综合文化活动中心场地，以"文化共享全民阅读，提升文明素质"为主题，精心组织全民"读书季"期间的群众性读书活动，提高村民书屋书籍的使用频次，引导农牧民培养读书习惯。

二、大坝村：乡风文明建设"明星村"

（一）基本概况

大坝村位于贵州省安顺市西秀区双堡镇西侧，东与毛粟哨村、南与许官村、西与鸡场乡、北与平寨村接壤，距双堡镇政府所在地 7.5 公里，交通便利，行政区面积 2.46 平方公里，耕地面积 2 175 亩。自然资源优势得天独厚，境内无大气污染，气候宜人、山水秀丽、土质肥沃、交通便利，森林覆盖率达 87%，是一个历史悠久、物产丰富、地表植被完整、自然环境优美的村寨。全村辖 3 个自然村、3 个村民小组、党支部 1 个、党员 16 名。全村共有农户 138 户，总人口 598 人，劳动力人口 308 人，务工经商转移劳动力 70 人。主要民族有汉族、布依族、彝族。人口文化程度结构比例如下：小学 283 人，占比 47%；初中 89 人，占比 15%；高中 21 人，占比 4%。主要经济产业为水稻、玉米、烤烟和经果林。2010 年，全村实现生产总值 215 万元，其中种植业产值 95 万元，烤烟 40 万元，畜牧业产值 20 万元，其他各行业产值 60 万元，全村人均收入 3 600 元。大坝村经过多年的发展，现在已经有一个具有相当规模的经果林苗木基地，能够提供无籽刺梨苗、优质梨树苗、各种生态林苗木。大坝村村风淳朴，村民善良好客，交通方便，风景优美，空气清新。村中有无籽刺梨、优质鸭梨等果树，来到这里可以体验亲自劳动采摘果实的乐趣。

（二）做法和成功经验

"大坝大坝，烂田烂屋烂坝坝，小伙难娶，姑娘外嫁。"这是大坝村以前状态的真实写照。而现在的大坝村，产业兴旺、生态宜居、乡风文明、共同富裕的发展特征逐步显现出来，并且真正做到了"全村齐头并进奔小康，脱贫不漏

一户一人"。

1. 落实村规民约

大坝村之前存在公共环境卫生差、群众缺乏爱护公共环境的公德心的情况，更有不孝顺老人、邻里之间关系冷漠等问题。大坝村依据这些问题制定详细的事项达成标准，设立"道德超市"，帮助群众认识到了文明道德的力量，有效地改变了陈规陋习。"超市"内，货架上有柴米油盐、锅瓢碗盏等各种商品，每个货架上都贴着与商品相应的兑换分数，村民凭着自己的积分兑换相应的商品，作为兑换用的商品也会通过征集村民需求意见的形式进行采购，方便更进一步调动村民的积极性。"超市"主要通过以奖代补、以分换物的方式运营，积分的获取主要由村民评选出的五位评议员对每位家庭在"遵纪守法、勤劳致富、家庭卫生、移风易俗、孝老爱亲"五个方面进行评分。在"道德超市"门前的公示栏上张贴着五个大项、若干小项的分值，有加分，也有扣分。例如，积极参加村集体会议一次可加 2 分，加入合作社的农户每月可获 2 分，打扫串户路、同组路的区域可获 5 分；而扣分方面，操办搬家酒、升学宴、满月酒将被扣 5 分，留老人独居将被扣 5 分。每户基础分为 100 分，只有超过 100 分的部分，方可兑换物品，1 分等值于 1 元人民币。每村以组为单位，所有在家的农户均可参与，两个月为一次评审周期，第二个月月底组织评选并兑换奖品，每期兑现前将每户的考核情况进行集体公示。实行了几个周期，平均每个农户都有了 200 元以上的积分，平时必备的生活用品也不需要再购买了。如今的村里看不到垃圾，邻里之间和睦相处，看书看报的人多了，扯人家闲话的人少了，移风易俗的工作比以前好做多了，村民在做好自己的同时，还能得到"道德超市"的物质奖励，大家自然更加愿意遵纪守法，建设好文明家庭，在勤劳致富、移风易俗、孝老爱亲等方面力争上游。

2. 移风易俗

曾几何时，大坝村红白喜事大操大办，搬家、剃头等名目繁多，哪家有亲戚办酒，还要向隔壁两邻约礼。攀比之风泛滥成灾，吃酒做客、人情往来成了群众最大的负担。很多村民因"办酒"返贫，因"吃酒"致贫。逢年过节或者农闲时节，村民没事就聚在一起打麻将、闷金花、斗地主，赌博成风，由此引发了不少矛盾，甚至还出现打架事件。近些年，大坝村村委会积极响应区里关于美丽乡村建设的政策，带领村民发展起种植、养殖、乡村旅游等产业，推进

喜事新办，即只办婚丧嫁娶红白喜事，并且村里出台限制礼金数额的政策。现在村里办红白喜事，变得节俭、文明与和谐。村民摒除陋习，变得有动力做自己分内的事，将自己的精力更多地放在了发展生产上，有些村民从贫困户发展到住上大别墅，村民的生活发生了翻天覆地的变化。

3. 寓教于乐

从矗立在青山上的一块块醒目的宣传牌，到村头街尾的宣传墙、文化广场上的廉政文化展板，再到村道太阳能路灯灯杆上一幅幅宣传标语，可以看出社会主义核心价值观深入大坝村每一个角落。春风化雨，润物无声。村民在物质条件得到改善的同时，观念也在悄然发生改变，变得更加明礼知耻和崇德向善。在村党支部引导下，村里组建了舞蹈队、地戏队、老年协会等文化活动组织。不断完善文化活动室、文化广场、简易戏台、宣传栏、体育健身器材、篮球场和乒乓球台等"七个一"工程的基础设施，建设了村民文化活动室，开辟了图书室、文化广场等活动场地。几个宽敞的文化活动广场上，一头是各种各样的健身器材，另一头是戏台或舞台。篮球场、乒乓球桌一样不缺。傍晚时分，村民陆续走出家门，参与到各自喜欢的健身活动中。通过丰富的文化活动载体，使民心更加聚集，过去喊破嗓子没人理，现在一声呼唤众人应。

与此同时，村里还借助"智慧乡村计划"，在全村主要公共场所实现了 Wi-Fi 全覆盖。依托文化组织和阵地，利用端午节、农历四月初八、重阳节等传统节日，积极开展丰富多彩的文化活动，先后举办了屯堡山歌大赛、地戏邀请赛、屯堡文化汇等文化活动，承办了贵州安顺屯堡摄影大展、西秀区青年联谊会等大型活动。这些活动不断吸引大量的游客前来观光休闲、避暑旅游，为村民带来经济收入的同时还丰富了村民的精神文化生活，提高了村民的文明素养。

逐渐富起来、美起来的大坝村，不仅让村民富了荷包，更富了脑袋，美的不仅是环境，还有人心。群众的幸福感、获得感进一步提升，活力进一步增强。该村先后荣获中央文明委"全国文明村"、中宣部"农村综合文化服务中心示范点"、贵州省"省级文明村"、贵州省"四在农家·美丽乡村"示范村等荣誉称号。

（三）借鉴意义

大坝村村风民风的变化是村民共同努力的结果，而激发村民改变自身行为

和增强其思想动力的措施，为其他村落的发展提供了借鉴。

1. 建立培育村民文明意识激励模式

实施"道德超市"行动，以推进乡村文明建设，是当前很流行的一种宣传精神文明建设、倡导诚信道德规范的方式。这是鼓励村民争当文明人、争做有德者的创新之举。这种"超市"的运营模式为积分制，以"德积分"换"得物品""得习惯"，即借鉴村规民约设定类型，将各个类型具体到事项并制定积分标准，吸引村民执行事项，在达标后获得积分，按季度（月）用所获积分换取相应的物品。这一模式从村民自身利益出发，在满足村民物质需求的基础上进一步满足其精神需求，帮助他们意识到道德力量的强大，调动了村民参与自治的积极性，引导他们更深层次地认识村规民约，从而逐渐提升自身的思想自觉和行为自觉。用物质驱动，培育村庄的文明乡风、淳朴民风和良好家风，构建"奉献—回报"机制，可以说是双赢的做法。"道德超市"的建立获得了村民的积极支持和参与，并且取得了良好效果。

实施道德积分活动，将精神激励与物质奖励相对接，从而深入推进"精神脱贫"，增强群众内生发展动力，促进乡风文明建设。通过推进道德积分，努力引导农民群众形成言行讲文明、衣食讲卫生、做事讲道德、为人讲诚信、相处讲和谐的良好村风。同时深入开展移风易俗活动，帮助村民树立文明意识、健康意识、卫生意识、节俭意识，促进农村形成健康文明新风尚。

2. 加快乡村产业融合进程

大坝村成为明星村庄，主要在于村委会切实结合村庄特色，抢抓"四在农家·美丽乡村"基础设施建设六项行动计划、人居环境综合整治等一系列政策的机遇，坚持以科学规划引领建设发展的理念，分别规划了村庄别墅区、产业发展区、集中办公区、群众休闲区四大功能区域和种植区、养殖区、深加工区、旅游产业区四大产业板块，通过融合养殖、种植和乡村旅游等产业，实现居住有别墅、健身有广场、休闲有凉亭、通行有四通八达的硬化路这一美好愿景。村庄美、产业兴，不断吸引外面的人前来学习、观光、休闲和避暑，还吸引社会资本向村里集聚。引进青岛榕昕集团，利用山地荒坡资源，投资1.5亿元规划建设了面积2 000余亩，集奶牛养殖、奶制品加工、亲子娱乐等为一体的生态休闲牧场。金刺梨种植带动刺梨深加工，依托村里2 000平方米的天然溶洞，建成西南地区最大的果酒加工厂——贵州大兴延年果酒有限责任公司。随着游

客的逐年增加，乡村旅馆、农家餐馆如雨后春笋般建设起来。大坝村形成了集农家体验、观光、休闲、度假于一体的生态休闲旅游产业链。2017 年，大坝村接待游客突破 5 万人次。通过产业的兴旺激发村民行动力，改善居住环境，健全居住设施，丰富居民生活，实现了乡风文明、乡村整洁。

3. 建立健全公共文化服务体系

加强对公共文化服务的有效供给和网络体系全覆盖。厘清各级政府的权责，保障人才、技术、资金到位。目前，社会主义农村公共产品和服务供给的政府主体分为中央、省、市、县、乡五级，各级政府应积极推动将基层公共文化服务纳入公共财政保障范围，建立起中央、地方按比例分担的公共文化投入经费保障机制，保障基层公共文化机构正常运转，保障基层群众的基本文化权益。充分调动社会组织或第三方机构等民间力量，充分调动和激励更多的社会力量加入到公共文化服务体系建设中来，作为政府供给公共文化服务的必要补充。

第三章
基于乡村振兴的产业振兴研究

本章为基于乡村振兴的产业振兴研究，依次介绍了乡村产业振兴的发展现状、乡村产业振兴的意义与原则、基于乡村振兴的产业振兴路径、特色乡企助推产业振兴的典型事例四个方面的内容。

第一节　乡村产业振兴的发展现状

一、乡村产业振兴发展存在的问题

（一）发展效益低

农业生产精细化、集约化程度不高，现代科技指导生产不足，农业基础设施建设相对落后等特点尤为突出。农业产业增值、增效慢和提升农产品竞争力难等问题成为长期困扰广大农民和农业生产的难题。

（二）乡村产业振兴规划滞后

虽然中共中央、国务院发布了《关于实施乡村振兴战略的意见》，对新时代实施乡村振兴战略的原则性问题等作出了全面部署，但由于各省、市、区、县、乡镇、行政村的情况千差万别，其优势、机会、劣势和挑战差异较大，不可能采用同一种模式发展乡村产业。许多地区并没有因地制宜地出台规划实施细则，这对我国实施乡村振兴战略极为不利。另外，一些乡村存在重村庄建筑和环境规划、轻产业策划和规划的现象，乡村产业比较薄弱，与产业兴旺的愿景还有较大的差距。

（三）产业链条不长

第一产业多以供应初级农产品为主，品牌溢价不足。第二产业农产品精深加工程度和加工转化率低。第三产业发展滞后，大量农业资源和功能闲置，尚未充分开发。产业之间未能充分融合、实现良性互动。

（四）农业科技含量低

我国农业的比较利益低，市场竞争力弱，优质高效农业技术很少，有竞争优势的农产品不多，而且区域农业结构的科技含量低，再加之农业科技的投资欠缺（中国农业的科研投资占农业 GDP 的比例仅为 0.3%左右，远低于发达国家 2%～5%的水平），使得农业科技储备匮乏，科技成果推广率低，与美国相比，玉米、大豆、水稻等主要农作物亩产量均较低（表 3-1）。如果这种状况继续下去，中国有比较优势的农产品将难以成为有竞争优势的农产品。

表 3-1　2018 年中美主要农作物单产对比

作物	国家	播种面积/亿亩	亩产量/（千克/亩）	产量/亿吨
玉米	中国	5.48	411	2.16
	美国	4.96	756	3.76
大豆	中国	1.27	121	0.16
	美国	5.36	238	1.28
水稻	中国	4.44	456	2.02
	美国	0.16	561	0.09
小麦	中国	3.57	343	1.23
	美国	2.9	213	0.51
棉花	中国	0.5	119	0.59
	美国	0.64	67	0.46

数据来源：国家粮油信息中心，USDA。

（五）农民文化素质偏低

农民是农业结构调整的主体，其自身文化科技素质和思想观念直接影响着农业结构调整的进程和效果，也影响着自身经济收入的增长。但如今我国的农

村人才缺乏，科技、经营等各类人才服务乡村产业的激励保障机制尚不健全，农业经营主体数量明显不足，规模农业经营户有待进一步增加（表 3-2）。

表 3-2　农业经营主体数量

经营主体	全国	东部地区	中部地区	西部地区	东北地区
农业经营户/万户	20 743	6 479	6 427	6 647	1 190
规模农业经营户/万户	398	119	86	110	83
农业经营单位/万个	204	69	56	62	17
规模农业经营单位/万个	91	32	27	22	10

数据来源：《第三次全国农业普查主要数据公报》。

二、乡村产业发展面临的机遇与挑战

党的十八大以来，在建设社会主义新农村，全面建成小康社会，脱贫攻坚实现共同富裕等方针的指引下，乡村面貌发生了巨大改变，农产品加工业持续发展。2019 年，全国规模以上农产品加工企业 8.1 万余家，营收金额超过了 22 万亿元，带动就业岗位超过了 3 000 万个。"十三五"期间建设了一批特色产业镇（乡），实现了规模化经营，年产值超过了 10 亿元，同时建设了一批特色产业村，产业村的发展也初具规模，产值收入达到了亿元。2019 年，各类涉农电商超过 3 万家，产值达 6 500 亿元。2019 年，农业类龙头企业达到了 9 万家，农民合作社 220 万家，家庭农场 87 万家，农村创新创业规模不断扩大，带动 1.25 亿农户进入大市场。实施乡村产业振兴发展战略，使农民返乡创业的热情空前高涨。据统计，2019 年，各类返乡创新创业人员累计超过了 850 万人，创业人员带动就业人员超过了 3 100 万人[①]。

党的十九届四中全会明确提出"十四五"时期我国要全面实行乡村振兴发展战略。要实行乡村振兴发展战略，就要繁荣乡村经济，使乡村经济强起来、百姓富起来，这样就会给我国乡村产业带来难得的发展机遇。首先表现在国家的"新基建"计划，从乡村发展的硬件入手，改善农村基本建设的同时重点改善农村信息网络等基础设施，实行城乡融合发展。各项强农惠农政

---

① 曹翠红. 乡村振兴战略下农村经济发展路径 [J]. 现代农业研究，2021，27（06）：23-24.

策频繁密集出台，对乡村产业发展的政策驱动力增强，市场驱动力也会增强。实施乡村振兴发展战略，国家层面会调动更多的社会资源涌向乡村，提升乡村产业发展的市场空间。实现乡村振兴战略，在城乡融合发展方面还会借鉴城市发展的经验，拓展乡村产业的新业态、新模式，引领乡村产业逐渐转型升级。

实现乡村振兴战略，还会对传统的农业进行改造，提升农业产出的附加值，例如，在农业发展中利用生物技术、人工智能、云计算、物联网、区块链等新技术，发展智能、智慧化农业等。总结机遇的同时，要意识到乡村产业发展也是机遇与挑战并存的。挑战主要有如下方面：乡村产业发展应重点依靠农业，而我国目前的农业生产方式还比较粗放，土地种植规模化水平不高，农产品加工尤其是精深加工占农业产出的比值还有很大的提升空间；乡村产业的区域发展水平不均衡，南北乡村产业发展还有很大的差距，乡村的基础设施比较薄弱；乡村振兴的资源要素还存在着瓶颈，缺少资金、技术稳定投入的机制，人才激励保障机制等还需完善和加强。

第二节　乡村产业振兴的意义与原则

一、乡村产业振兴的意义

（一）推动实现全面建成小康社会

2020 年是全面建成小康社会的决胜时期，社会主义农村想取得重大进展的关键是要依靠经济。经济是一个国家的命脉，以经济建设为中心，关系到国家的兴旺和发达，在经济建设大局下行动，也同样适用于农村，乡村的振兴重点在于产业。全面建成小康社会要求全面性，同时也说明了其短板在于贫困人口和贫困农村，农村脱贫攻坚的彻底解决需要依靠产业的振兴，农民的收入得到提升，农村才能兴旺，因此，农村全面富裕的那一刻便是小康社会的全面建成。目前在大多数农村，农民依然以农业为主要经济收入，因此，依靠农业产业振兴来全面建成小康社会兹事体大。通过融合第一、二、三产业，优化农业产业结构，延长产业链条，提高农业创新能力，培育新型农业经营主体，发展

农村特色产业，从根本上提高农民经济收入，创造就业，改善贫困生活，促进农村富裕，构建现代化农业。

（二）实现中华民族伟大复兴的物质基础

中国是一个幅员辽阔的国家，自改革开放 40 多年来迎难而上，取得令人叹为观止的历史性成就。中华民族的伟大复兴应包括国际综合国力增强、社会全面进步、祖国统一、能够在国际舞台上唱响中国声音等诸多方面。乡村产业振兴是立足于"三农"问题短板、城乡发展不平衡不充分等问题上的重大战略举措。中华民族伟大复兴的实现必然要以实现农业产业振兴为前提，国家的现代化归根到底是农业的现代化，农业的快速发展带动社会稳定，农业发展的速度决定着国民经济的发展速度。当前我国农村产业发展整体水平依然较低，市场竞争能力不足，新型农业产业经营主体仍有待培育，乡村治理能力不强。要始终坚持农业的基础性地位不动摇，大力推动产业振兴，这是实现中华民族伟大复兴的物质保障；要坚定不移地把"三农"问题作为全党工作的重心，坚持农村农业优先发展，将农业大国转化为农业强国，这是实现中华民族伟大复兴不可或缺的一部分。

（三）国家发展全局的重点任务

产业兴旺是全面推进社会主义现代化的物质基础。一方面，粮食关系国家安危、人民幸福。充足的农产品供给保障能力可以让人民吃得饱、吃得好、吃得安全、吃得健康，满足人民日益增长的美好生活需要。另一方面，产业是农村各项事业健康可持续发展的保障，只有发展好产业，才能创造更多的就业机会和岗位，才能让农村成为具有吸引力的地方，让人留在农村，让城镇的人才愿意进入农村，激发农村的活力。

（四）提高农民收入的重要举措

当前，我国农村社会公共服务体系还不完善，农民的基本生活保障水平还不高，巩固脱贫攻坚成果压力还较大。对于农民来说，产业兴旺最大、最直接的意义是解决就业和收入。当下尽管有越来越多的年轻人离开农村到城市里去谋生，但是农业及其相关产业仍然是最大的就业部门。因此，只有盘活农村集

体资源资产，拓宽农民增收渠道，才能让农民在全面建成小康社会和建设现代化强国的新征程中富裕起来，在共建共享的发展过程中收获更多、享受更多，这也是我们积极推进"三农"工作的根本目的。

二、乡村产业振兴遵循的原则

产业振兴要遵循"试点先行"与"逐步推广"相统一的原则。坚持试点先行、逐步推广的方法，是保证重大改革推进的一个重要手段，意思是政府在推出一项政策或改革时，尤其是涉及关系较为重大的措施，应该先选取一个试点进行局部探索，等在这个试点地区逐步摸透经验总结，在实践中检验和修正，遇到问题及时纠正，搞清状况和获取资料，根据实际情况随时进行调整后，再结合经验与政策进行大范围的推广。这样做能够避免由于政策的不成熟导致的不良影响，可减少大范围推广造成的严重失误，同时试点先行遇到问题时解决起来的损失要比大范围推广小得多，也比较容易解决，改革起来较为稳妥。这个方法是以"矛盾的个性与共性在一定条件下能够相互转化、矛盾的共性寓于个性之中"为辩证法依据的。在农村推行产业振兴政策时，有很多策略需要在各个农村地区推广，比如第一、二、三产业的融合发展，农业产业集群的升级，土地流转等，就需要先选择一个小的区域为切入点开始试验，摸着石头过河，其本身就是一个试错的过程，总结经验的同时逐步形成模式，及时改进再逐步推广到各个农村地区，这是认识和把握客观规律的根本途径。

遵循"试点先行"和"逐步推广"相统一的原则时，需要注意以下问题。在试点先行的实际操作中得到的效果非常好、推广开的效果却很差，主要原因在于没有做到具体问题具体分析，在试点地区和其他地区存在很大差异性时，得到的结果也会相差甚远，如果情况存在很大相似性，效果也会非常明显。在试点地区实行政策时，各方面的关注度是极高的，财政支撑和政策支撑同时发挥作用，但当推广范围较大时，不能集中各方支援以及特殊照顾，因此，效果就会很差。要尊重差异、区别对待，不能搞"一刀切"。我国有很多政策都是以这种形式进行推广的，比如国家为促进科技创新，先在中关村进行试点，然后再向全国范围内推广，还有刑事案件速裁程序的推广以及改革开放都是采取的这个方法，因此，农村的产业振兴战略必然需要遵循"试点先行"与"逐步

推广"相统一的原则。

第三节　基于乡村振兴的产业振兴路径

一、转变乡村产业振兴的策略

（一）转变生产经营方式

要加快我国乡村产业振兴的发展步伐，必须从传统的种植业扩展到"农、林、牧、渔、旅"的大农业系统，延长乡村产业链和价值链。一是培育、壮大新型农业经营主体；二是建立建成产、供、销一体化的乡村产业链条；三是依托生态农业、自然资源、人文资源及区位优势，大力发展乡村产业新业态，构建农业与第二、第三产业融合的现代乡村产业体系。

（二）加强规划的引领作用

要推进乡村产业发展，应在科学论证的基础上制定合理的规划，使局部利益与整体利益、近期效益与长远效益相统一。

第一，需要通过全面深入的调研，根据各乡镇、行政村的具体情况，进行统筹规划布局，确定各区县乡村产业振兴的方向、原则、目标和模式。

第二，需要围绕乡村产业发展的战略目标，选择实现战略目标的具体路径，制定各阶段应采取的策略、措施及办法。

第三，加强各项规划之间的配套协调，着力提高建设效果。在全面考虑吸纳能力、管理水平和配套措施的基础上，合并空心村。同时，要以公共空间功能重构、空间文脉继承为导向，以人居环境和户外交往空间的重构为重点，对传统村庄公共空间进行规划和重构。在此基础上，引导村民从零星分散的传统乡村社区向环境优美、设施配套功能齐全、充满地缘和情缘关系、满载村庄集体意识和文化信仰的新型乡村社区集中，并为他们提供城乡一体化的基础设施和均等化的基本公共服务。

（三）促进农村三大产业融合发展

实施乡村振兴发展战略是新时代"三农"工作的总抓手，需要集聚更多的资源要素，发掘更多的产业价值，推动城乡要素顺畅流动、产业优势互补等格局不断完善，乡村振兴的基础才更加牢固。农村第一、第二、第三产业融合发展是指以农村第一产业也就是农业为基础，以利益联结为纽带，在市场的引导下，主要通过农产品加工业、休闲农业、农产品电子商务等方式，延长产业链，增加价值链和农民的收入，推动农村经济发展产业之间相互融合、相互促进的动态发展过程。2015 年中央一号文件首次提出"推进农村一、二、三产业融合发展"；2015 年 12 月，国务院办公厅发布《关于推进农村一二三产业融合发展的指导意见》，对三个产业融合的指导思想、融合方式、融合主体、利益联结机制、服务体系和推进机制等进行了部署（图 3-1、图 3-2）。

促进农村第一、第二、第三产业融合发展，就要以农业为依托，建设从产地到餐桌、从生产到消费、从研发到市场各个环节紧密衔接、环环相扣的现代农业产业创新链条，形成多主体参与、多要素聚集、多业态发展、多模式推进的融合格局，从而实现农业产业链延伸、产业范围扩展、产业提质增效和农民收入增加的发展效果。

2014 年年底稳定粮食生产，加快农业结构战略性调整。	2015 年 4 月建立现代农业产业体系，延伸农业产业链、价值链。	2015 年 12 月确定第一、第二、第三产业融合主要目标、融合方式、融合主体等。	2016 年 9 月培育农村新产业、新业态，提出促进产业融合的具体措施。	2017 年 12 月培育和创建农村第一、第二、第三产业融合发展先导区。
2014 年年底，李克强同志在中央农村工作会议上提出，在稳定粮食生产的基础上，要认真研究和推进农业结构战略性调整，加快发展农业产业化，促进第一、第二、第三产业融合互动。	2015 年 4 月，习近平总书记在中共中央政治局第二十二次集体学习时强调，要加快建立现代农业产业体系，延伸农业产业链、价值链，促进第一、第二、第三产业交叉融合。	2015 年 12，国务院办公厅发布《关于推进农村一二三产业融合发展的指导意见》，对第一、第二、第三产业融合的主要目标、融合方式、融合主体、融合机制、融合服务等方面进行具体说明。	2016 年 9 月，李克强同志批示，培育农村新产业、新业态是发展现代农业的重要内容，发改委、农业部委督促落实推进农村第一、第二、第三产业融合发展的措施。	2017 年 12 月，农业部(现农业农村部)办公厅发布《关于支持创建农村一二三产业融合发展先导区的意见》，支持各地培育打造和创建农村第一、第二、第三产业融合发展先导区，构建现代农业生产体系、产业体系和经营体系。

图 3-1　近年来农村第一、第二、第三产业融合发展政策

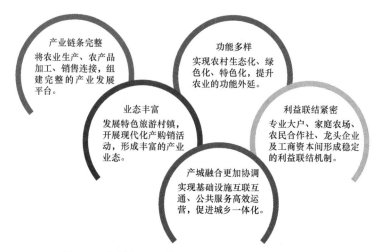

图 3-2　农村第一、第二、第三产业融合发展目标

荷兰的农业产业发展模式对我国具有重要的借鉴价值。荷兰通过推进技术和产业创新，打造产业集群，典型代表为"食品谷"和"绿港"。"食品谷"是目前世界上最大的食品营养研发集群。"绿港"是一个基于地域特色的空间集群，不同产业链的企业在此聚合。在整个产业链中，种子、育苗生产、贸易、加工、物流等相关产业高度集中，形成上下游紧密联系的产业链，实现"从农田到餐桌"的第一、第二、第三产业融合发展的全产业链贯通。除此之外，荷兰深入挖掘农业的多功能性，将文化创意、旅游观光和农业产业结合起来，促进农村第一、第二、第三产业融合发展的深度融合，形成了荷兰现代农业新业态。

（四）建设乡村产业体系

1. 打造现代化产业链条

农业作为乡村的基本经济形态，主要包括种植业、林业、畜牧业、渔业和副业五种产业形式。农业的发展需要衔接本地的自然环境、乡村文化和基础设施等资源，这些要素决定了产业发展的类型和未来方向。

2. 发展特色优势产业

在农业优化升级的过程中，需要特别突出当地的地域特色，将融入优势资源与传统特色的农产品作为主营项目。在市场需求导向下，强化本地的特色功能区，扩大优势农产品的种植面积，逐步提高产品产量和品质。形成"一乡一业、一村一品、一村一特"的特色农业发展格局。

3. 加强科技创新

大力发展数字农业，实施智慧农业工程和"互联网+"现代农业行动，鼓励对农业生产进行数字化改造，加强农业遥感和物联网应用，提高农业精准化水平。

加快共享农业建设。共享农业通常贯穿农业生产链的全过程，目前比较热门的是共享农庄、共享农机等具体形式。

推进农业设施发展。通过加大对新的生产技术和生产模式的投入，对传统的温室、大棚等农业生产设施进行技术升级，发展无土栽培、有机栽培等新型农业产业模式。

发展农村电子商务。大力发展农村电子商务，推进农产品批发市场、农贸市场的信息化改造。

二、发展乡村产业振兴的新形态

（一）农业嘉年华

农业嘉年华将农业和旅游业有机结合，提供了一个亲近自然环境、普及农业知识、享受农趣参与的机会；不但在特色主题活动开展期间为群众提供了解农业、亲近农业的机会，还可以在活动间隙充分利用现有资源，组织培训、学习、交流等，充分挖掘场地的利用潜力。国内较为成功的案例包括南京农业嘉年华和广西玉林"五彩田园"农业嘉年华。

1. 南京农业嘉年华

南京农业嘉年华以优质农产品展销、农家美食现场制作、民间技艺展示为主要内容，得到了广大市民的青睐和广大农民的喜爱。南京通过举办农业嘉年华活动，增加了农产品的销售量，促进了市场需求。

经过 10 多年的发展，南京农业嘉年华越来越完善，活动内容越来越丰富。在活动内容上，由最初的农产品销售，到娱乐、科普功能的加入，再到品、观、游、学、研、娱、商的一体化发展，注重活动的参与性和体验性，全面开发农业资源的游乐功能。在项目经营方面，由最初的对休闲农业的推广介绍，到对农业龙头企业的宣传，对农产品的研发、推广、品鉴、销售一体化，再到农游一体的深度发展，形成了品牌优势，并且带动了南京现代农业的发展。活动最

初在市区公园（白马公园）临时（历时 2 天）举办，后来在河西新城的滨江公园（绿博园）举办（历时 2 天），再到在郊区的台创园内长时间（历时近 2 个月）举办，活动参与主体由城市居民逐步转变为企业和农民，活动影响逐渐加大，未来还会进一步带动市郊和乡村的休闲农业发展。

2. 广西玉林"五彩田园"农业嘉年华

广西玉林农业嘉年华的旅游活动主要安排在"室内"举行，场地由智能连栋温室构成的八个主题场馆、拥有育苗功能的三个塑料连栋拱棚组成，场馆规模在国内首屈一指。广西玉林农业嘉年华是引领区域现代农业开发区的重点项目，在规划阶段就考虑到了项目实际运营。通过与科研院所的密切合作，农业嘉年华获得了源源不断的科技支撑，对于区域农业的现代化发展具有科技服务推广能力，这是该项目能够全年运营的重要秘诀。另外，该项目还重视对当地资源环境的充分开发利用，将当地农业主导产业与农业嘉年华游玩活动充分结合和开发，带动了产业发展。

以上典型案例成功运营、值得借鉴的经验主要有四点。

第一，打造特色农业品牌，发挥品牌影响力。农业嘉年华与优质绿色的农产品是互惠互利的关系，前者起到有效的推广作用，打开销路；后者为前者提升吸引力，强化活动主题特色。

第二，带动现代农业资源整合，促进产业链的完善和延长。产业的融合与发展是增加农产品附加值的有效途径。

第三，策划并开展丰富的农业旅游活动，让需求不同的旅游者都可以充分参与。

第四，重视科技的支撑作用。与科研院所互惠合作，让农业嘉年华的社会效益大大增加，使农业嘉年华成为农业科技的孵化基地、农民培训实操的田间学校和城市居民的科普平台。

（二）国家农业公园/农业休闲园

农业公园是融现代农业园林景观与休闲、度假、游憩、学习功能于一体的规模化乡村旅游综合体。国内较为成功的案例包括河北石家庄栾城天山国家农业公园、江苏射阳黄海湿地国家农业公园和江苏淮安洪泽湖国家农业公园。

1. 河北石家庄栾城天山国家农业公园

栾城天山国家农业公园项目大在产业，小在市场，精在产品，是东方创美将国家政策和市场数据高度融合的创意设计方案，是栾城区试点农业供给侧改革、丰富全域旅游产业、提升并辐射栾城整体农业产业发展的重要抓手。

通过原创设计配合新型产业导入，集农业公园与4A级景区的双向标准为一体，在完全贴合天山集团产品线的前提下，结合天山集团的企业文化，按照农业公园的发展诉求，提炼并原创设计了农业公园IP代言——吉祥物"天赐"，将本项目打造成集农艺猎奇、花海奇观、亲子童玩、农餐对接等功能于一体的国家农业公园。

2. 江苏射阳黄海湿地国家农业公园

该项目充分放大射阳南北地理农业创意文化的优势，以农业为本底，结合独特的湿地、海洋背景，以"特色南北对比的农耕文化创意景观"为核心，导入"中国农耕文明、世界农业展示"环节，形成园区"南北、古今、中外"三位一体产品体系，填补空白市场。

3. 江苏淮安洪泽湖国家农业公园

该项目独辟蹊径，选取本地资源做大做强。利用本土农业文化特质、文化延展性和包容性的资源属性进行核心竞争力的构建，并提炼出以"鱼"和"米"为核心的主题理念。在农业产业的基础上，巧妙融入旅游项目，整体空间上打造出"镜花水月、垛田渡舟、星罗渔火、躬耕乐道"四大主题板块，每个板块既是景观主题，也是旅游项目，形成了独特风格的景观体系，再结合景观融入旅游功能、配套设施等内容。

借助洪泽湖地理标志和品牌，联动洪泽湖周边旅游，发挥农业总部经济优势，打造江苏省国家农业公园。在规划操作中按照国家农业公园体系建设，实现农业景观化、主体化、公园化，项目农业化、景观化、主体化，配套设施景观化、农业化、公园化，在产业、旅游、项目、配套之间构筑有效衔接。作为甲方集团发展转型的试金石，依托有限土地，突破传统农业，提高农产品附加值，实现企业进军农业的核心利益。

（三）田园综合体

田园综合体更强调现代农业产业发展，是立足农业科技与农业产业链的共

同建设，促进第一、第二、第三产业融合发展，带动当地乡村发展。

山东临沂朱家林田园综合体是山东沂蒙山区开建的"田园客厅"。项目区内有农民合作社 31 家。项目区水土资源、产业基础、配套设施等条件较好，并初步打造了特色鲜明的乡村创客基地，建立了高效顺畅的运行管理机制，使项目建设具有独特的有利因素。同时，项目建设与 6 个省级贫困村脱贫致富项目相结合，对助力沂蒙革命老区打赢脱贫攻坚战具有重要的政治意义[①]。

规划"二带二园三区"七个功能分区，包括小米杂粮经济产业带、特色经济林带、创意农业园、农事体验园、田园社区、乡建培训区和电商物流区。项目总体规划以创新创意为核心，以本土特色农业为基础，以提高农业供给质量和效率为方向，拓展农业产业链和价值链，培育现代农业发展新动能。推进第一、第二、第三产业融合发展，以青年创客中心为基础，改造提升现有民居，实行"旅游＋"和"生态＋"等模式，探索开发农业发展的多种功能和模式。

三、提供融资政策保障

金融在"三农"发展中的重要作用不言而喻，但因为农业弱质、农民弱势、农村弱位性，农村金融的发展一直比较滞后，贷款难、贷款贵现象普遍存在。破解农村金融困局极为重要而又迫在眉睫。

农业是一个低收益、高成本、高风险的特殊性行业，不确定的风险决定了金融信贷的有限性；缺少抵押品，广大农民能提供的抵押物少或者没有，农民的宅基地缺乏变现的市场渠道而无法流通，经营作物的土地也只有经营权，没有所有权；农业生产充满差异性、季节性，受客观自然环境条件的影响和制约十分显著。

我国经济社会发展的"二元制"特征导致长期以来农村地区落后于城市，工业化与城镇化的推进更使得资金、技术、劳动力等生产要素加速流向城市。

---

① 搜狐网. 国家级田园综合体——山东临沂朱家林（附规划方案）［EB/OL］.（2018-09-15）［2023-03-15］. https://www.sohu.com/a/254050811_825181.

　　我们有很多与"三农"相关的创业创新，有很多草根层面的融资诉求，也有很多科技创新型的小型企业，却在融资支持这方面一直没有得到满意的答案。这个问题没有得到很好的解决，说明了金融供给从机构到产品多样化都存在不足。此时，需要国家和政府大力培养综合性人才，并制定一系列融资政策，鼓励农民创新创业发展。农业现代化的核心是"四懂人才"，即懂农业、懂产业、懂企业、懂金融的人才。

（一）农业+大企业

　　房地产巨头进军农业生产领域。农业发展的短板在于生产发展资金严重不足，如何获取足够的经营资金成为农业快速发展必须解决的大问题，而"傍大款"（大款指的是大企业）是其中一条集资捷径。近几年，万科、恒大、碧桂园这些房地产巨头进军农业生产领域的例子比比皆是。

　　万科在 2017 年进军农业。2018 年 4 月，江苏东罗村和万科启动改造项目；2018 年 9 月，在北京市门头沟区军庄镇政府与万科启动北京万科特色小镇的研讨，并准备实施"万村计划"。

　　恒大在 2018 年 4 月 21 日宣布成立了恒大高科农业集团。经营范围包括现代农业技术开发、城乡基础设施工程施工、农田水利工程施工等。

　　2018 年 6 月，碧桂园宣布正式进军现代农业。碧桂园农业目前已经与广东省农业科学研究院、华南农业大学、以色列 Dagan Agriculure、荷兰 RijkZwaan（瑞克斯旺）公司等国内外 17 家合作单位签订了战略合作框架协议。

　　以上可以带给我们以下启发。

　　一是应该清晰地认识到城市房地产市场已趋于饱和，休闲农业、旅游农业正成为新的发展趋势，在这转变中抓住大企业、大开发商调整企业战略方向的关键节点，通过农业的比较优势吸引资金、品牌、资源，将能起到四两拨千斤的作用。

　　二是乡村振兴需要国家、企业、农民等各方共同努力。农村的穷困，穷的是钱、困的是理念，行业领军企业带来的资金、理念正好可以填补、纾解农村这方面的匮乏。企业的科技投入和技术研发将对农业农村的发展起到良好的推动、示范作用。

三是信贷资源的有限性，决定了各个地方的政府在"三农"发展中获得资金的分配永远不可能是"雨露均沾"的，因此须树立高度的竞争意识去争取信贷资源。

（二）农业＋金融信贷

1. 银村合作

现在不少银行将"三农"业务作为未来战略重心之一，既是应对同业激烈竞争的现实需要，即其可以加快产品创新，锻炼团队能力，加强公私联动，也是深化银村合作、支持乡村振兴的有力举措。基于以上共识和判断，地方政府应加强与农村信用合作社/银行合作，获得金融机构的理解和支持，让村民通过无抵押贷款获得利率低、额度高的生产经营资金。

如中山东凤珠江村镇银行、广州农村商业银行在对"三农"业务的"整村授信"中大力支持村民的个人信贷业务。农户基于经营能力、信用状况、人品口碑等，通过智能手机，足不出户就可以选择办理相关金融业务。

2. 农机融资租赁

大型农机融资租赁让农民由"直接购买"变为"先租后买"，大幅度减轻一次性投入压力，成为缓解农民购机难、贷款难的一条可行路径。

（三）农业创新+供应链金融

"三农"产业链融资成为互联网金融发展的新兴热点。与传统融资相比，这种融资不注重借款人的资产状况和信用等级，而更注重该项融资活动的自偿性及融资产品的结构化设计模式，非常适合农民等缺乏抵押担保物的客户群体。

而农业产业链在线融资，就是依托农业产业链的发展特点，利用大数据技术，通过对农业产业链上的相关方进行综合分析，用在线化操作方式为农业产业链上各环节提供融资的金融服务。

展望未来，随着农业产业链信息化建设不断提速，农业产、供、销各环节的信息能够被数据记录，"三农"在线产业链发展将大有可为。

第四节　特色乡企助推产业振兴的典型事例

本节主要以栖霞乡镇企业助推产业振兴为例进行详细的论述。

在全面推进乡村振兴的背景下，乡镇企业作为栖霞农村经济体系的重要组成部分，在实现农民增收、产业兴旺、推动当地经济发展等方面发挥着重要作用。

乡镇企业的高质量发展可以吸引农村剩余劳动力并带动农村经济发展，增加农民收入，缩小城乡差距。从企业结构的角度来看，栖霞乡镇企业大多是中小微企业和劳动密集型企业，对劳动者的技术水平要求较低，对吸收农村剩余劳动力和带动栖霞地方经济的发展具有重要作用。乡村振兴战略的提出，意味着我国乡村经济发展、文化发展、环境改善这三方面均迎来了历史新机遇。

一、栖霞乡镇企业发展类型

根据《中国乡镇企业统计年鉴 2002》到《中国乡镇企业统计年鉴 2020》中乡镇企业划分的依据，结合栖霞当地乡镇企业发展特色，本书对栖霞乡镇企业的发展类型进行分类，主要有三大类：农林牧渔业类、采矿业类、休闲娱乐服务业类。

（一）农林牧渔业类乡镇企业

在 2019 年，栖霞农林牧渔业类产业增加值为 61.34 亿元，比上一年增长了 3.4%[①]。成功改造 26 万亩老旧劣质果园，建立高效生态示范园。作为国家高效节水灌溉试点县级市，全年有 1 200 多项水利工程通过验收，解决农田灌溉的问题，保证农产品产量稳步增长，合理开发利用土地近 28.6 万亩，各业具体发展状况如图 3-3 所示。

---

① 栖霞市人民政府.2019 年栖霞市国民经济和社会发展统计公报［EB/OL］.（2020-09-25）［2023-03-15］. http://www.sdqixia.gov.cn/art/2020/9/25/art_31426_2918290.html.

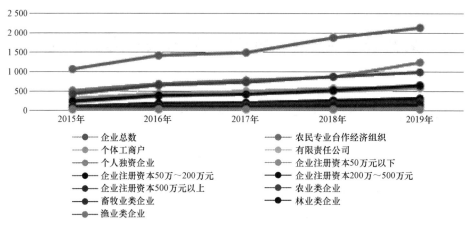

图 3-3　栖霞农林牧渔业类乡镇企业（单位：家）

资料来源：根据实地调研和近 5 年《山东省乡镇企业统计年鉴》。

由图 3-3 可知，自 2015 年至 2019 年栖霞农林牧渔业类乡镇企业的总数量分别是 1 073 家、1 427 家、1 504 家、1 895 家、2 159 家，在近 5 年期间栖霞乡镇企业总量不断增加，规模效益不断增强，充分利用经济增长理论，发展经济增长动能。并且截至 2019 年，农林牧渔业类乡镇企业的数量已超过 2015 年农林牧渔业类乡镇企业的 2 倍。由于栖霞农林牧渔业类乡镇企业数量较多，现将栖霞农林牧渔业类乡镇企业从公司类型、注册资本和所属行业分类的角度进行详细划分，其中公司类型包括农民专业合作经济组织、有限责任公司、个体工商户、个人独资企业。其中农民专业合作经济组织企业数量占总数量比值最高，从 2015 年至 2019 年占比分别为 47.8%、48.3%、52.1%、45.9%、57.9%，并且在 2019 年增幅最为明显。从企业注册资本的角度分析可知，由于栖霞乡镇企业多为中小企业，注册资本在 50 万元以下和 50 万～200 万元之间的乡镇企业最多。从所属行业分类角度可以将栖霞农林牧渔业类乡镇企业划分成农业类、畜牧业类、林业类和渔业类，可明显看出农业类的乡镇企业起点较高，一直处于上升趋势，远超其他类型的乡镇企业。总体看来，栖霞农林牧渔业乡镇企业在稳步发展。

（二）采矿业类乡镇企业

栖霞拥有优越的地理优势，得天独厚的矿产资源是当地采矿业类乡镇企业发展的资本。在近五年期间，栖霞采矿业类乡镇企业得到长足发展，在

2019 年企业总数突破 180 家，在响应国家政策的号召下，各业具体发展状况如图 3-4 所示。

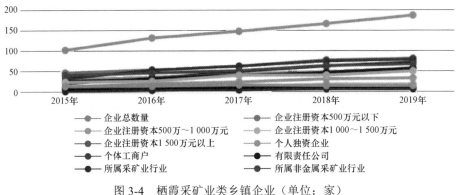

图 3-4　栖霞采矿业类乡镇企业（单位：家）

资料来源：根据实地调研和近 5 年《山东省乡镇企业统计年鉴》。

由图 3-4 可知，栖霞采矿业类乡镇企业数量自 2015 年至 2019 年持续上升，从 2015 年的 102 家增长至 2019 年的 185 家，涨幅近 80%。现将栖霞采矿业类乡镇企业按照注册资本、公司类型、所属行业进行详细分类，其中截至 2019 年，栖霞采矿业类乡镇企业中占企业总数最高的为注册资本 500 万元以下的乡镇企业共 81 家；在所属行业类型中非金属采矿业行业乡镇企业共 68 家。但注册资本在 1 500 万元以上的栖霞采矿业类乡镇企业自 2017 年至 2019 年停止增长，并趋于稳定。经过地域划分，栖霞采矿业类乡镇企业中庙后镇采矿类企业脱颖而出，数量扩大较快，2019 年采矿业类乡镇企业数量已超过 2015 年的 2 倍。此外，在 2015 年时期，栖霞采矿业类乡镇企业多以非金属采矿业为主，但自 2016 年起采矿行业迅速发展，均超过历年的非金属采矿业行业，并处于持续上升趋势。

（三）休闲娱乐服务业类乡镇企业

2020 年我国脱贫攻坚战略取得全面胜利，人民生活水平有了高质量的发展。农民的生活变得丰富多彩，为满足农民的业余生活需求，栖霞休闲娱乐服务业类乡镇企业发展突飞猛进。在近五年期间，栖霞休闲娱乐服务业类乡镇企业得到长足发展，在 2019 年本类乡镇企业总数接近 7 000 家，2015—2019 年各业具体发展状况如图 3-5 所示。

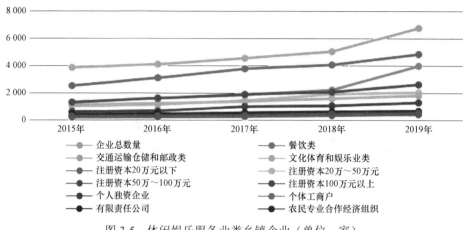

图 3-5　休闲娱乐服务业类乡镇企业（单位：家）

资料来源：近 5 年《山东省乡镇企业统计年鉴》。

由图 3-5 可知，在乡村振兴的大环境下，休闲娱乐服务业类乡镇企业发展迅速，自 2015 年至 2019 年增速分别为 5.8%、9.9%、9.7%、25.7%。其中，休闲娱乐服务业类乡镇企业在 2018 年到 2019 年间增幅最为明显，呈陡峭趋势上升。休闲娱乐服务业类乡镇企业主要包括三大类：餐饮业类、交通运输仓储和邮政业类、文化体育和娱乐业类，截至 2019 年，这三类乡镇企业数量分别是 3 956 家、2 023 家、384 家，是 2015 年同类型的 3.0 倍、2.0 倍、2.5 倍。另外，从 2015 年到 2019 年餐饮业类乡镇企业增速分别为 19%、12.7%、16.7%、44.5%；交通运输仓储和邮政类增速分别为 11.5%、22.8%、23.8%、7.2%；文化体育和娱乐类增速分别为 14.0%、13.1%、31.2%、22.3%。在休闲娱乐服务业类乡镇企业中，有限责任公司均高于历年个人独资企业的数量，并且在 2015 年到 2017 年三年间，有限责任公司均是个人独资企业数量的 2 倍之多，从 2018 年起有限责任公司数量从个人独资企业的 2 倍开始跌落，分别为 2018 年、2019 年个人独资企业的 1.8 倍、1.6 倍。可以间接说明 2018 年到 2019 年间，个人独资份额开始增长，部分有限责任公司开始向个人独资企业转型。

二、栖霞乡镇企业发展特色

（一）历史与文化的融合

栖霞乡镇企业的发展与历史文化融合，有利于培育农业经济新的增长

点，促进农业的升级改造。现阶段，网络互联发达，区域经济的发展离不开历史文化的积淀，从栖霞乡镇企业的发展方向来看，应该努力将优秀的历史文化元素融入栖霞现代乡镇企业的发展壮大之中。在农业方面，将文化历史植入特色农业中，根据城市人群对特色历史文化的好奇和乡村田园生活的向往，创新具有文化风味的特色农业发展模式，促进栖霞乡镇企业的发展，提升相关初级农产品的附加值，增加农民和地区的收入。此外，栖霞升级打造历史文化休闲生态旅游区域，将历史文化、生态农场、休闲旅游与乡镇企业相结合，构建多位一体的新的创新体验模式。目前，栖霞已成为享誉世界的"苹果之都"，苹果已成为栖霞的名片，因此应该深入挖掘历史文化，努力打造栖霞苹果的文化标签，更好地带动其他相关产业链上下游产业的发展。

（二）多元化的产业类型

在推动栖霞乡镇企业发展的同时，要制定多元化的新型产业整合机制，将农业、工业、服务业有机整合。提高对各类不同新型经营主体的运作效能，加大政策支持力度，激发整个行业的活力，使各经营主体相互合作、相互融合，形成栖霞乡镇企业新发展主体产业相互融合的格局，最终实现各类主体间共谋发展，实现风险共担、利益共享。近年来，多元产业园区的规模化效益日益明显，积极推进相似或同类型乡镇企业集聚在一起，共同构建多产业融合兼顾特色产业的一体化农业发展产业区，创新和建立栖霞乡镇企业多元化的产业类型整合渠道，打造多个优质平台，支持乡镇企业发展，建立试点地区，支持相关产业可持续发展。此外，要根据栖霞乡镇企业发展的实际情况，建立多元化的产业园区，增强不同产业间利益联结机制，充分发挥多元融合发展的互补作用，更好地促进园区内不同产业的发展。如通过栖霞乡镇企业股份合作，资金入股，企业间相互整合、订单承包互惠互利等方式，建立密切稳定的产业链上下游关系，在保证自身更好的发展同时，提高特色产业园区周边农民的经济收入。

三、栖霞乡镇企业发展的积极影响

（一）提高自然资源利用率

栖霞地区自然资源丰富，但是由于农民群众文化程度低，技术、资金和经验有限，使得自然资源利用率较低，不同资源独立存在于各自相关产业中，无法发挥资源间的叠加效应。随着栖霞乡镇企业的发展壮大，只有不同产业高度融合发展，才可以更好地提高自然资源的利用率。比如少量的经济资源对栖霞采矿业、休闲娱乐服务业类乡镇企业的作用可能不大，但对农林牧渔业类乡镇企业的作用很大，因为农业是一个投入相对较低的产业。实现产业融合后，采矿业、休闲娱乐服务业类乡镇企业的剩余经济资源可以转移到农林牧渔业类乡镇企业，促使栖霞当地农业提高发展水平，形成现代化和机械化的运作方式，加速实现资源的有效循环，盘活各类生产资料，提高资源的综合利用效率。

（二）实现一体化经营

乡镇企业一体化发展代表了高效经济型现代农业的发展方向。利用农、工、服务型乡镇企业实现生产、加工、销售、服务一体化，而农业生产与前期生产、中期生产和后期生产相结合形成一个紧密的产业体系，是栖霞乡镇企业自愿形成的一种经济利益共同体，是农业市场化的基本管理模式。通过产业整合，栖霞乡镇企业积极参与分散的农业小农户的加工、销售，因与小农户间有着共同的利益纽带，可显著降低内部优化成本，提高生产效率，大大降低了产品价格，同时也减少了资源的浪费。栖霞乡镇企业的一体化发展本质在于促进类似生产环节的优胜劣汰，强强联合，提高生产效率，降低生产资源过度消耗，带动整个产业链更新设备并引进先进技术，带动栖霞乡镇企业向现代高科技农业方向发展。

（三）促进当地经济收入的增长

据不完全统计，2010 年至 2019 年，栖霞粮食、水果等农作物的平均生产成本增长了 80% 左右。农业产品平均生产成本的增加主要体现在使用优良的种

子，保证高产；使用高效的农药化肥，减少虫害，增加产量；在种植和收割时雇用人工协助。这些相对于传统农业来说都会显著增加成本，特别是人工成本，导致传统农业种植方式的经济效益显著降低。这就迫使农民改变种植方式，以农户科技公司、合作社等乡镇企业的方式进行大规模种植，降低生产成本，实现农产品初级加工转化至深加工。栖霞乡镇企业的发展不仅可以整合资源，提高栖霞当地资源的利用效率，还可以带动经济的可持续增长，增加农民收入。

第四章
基于乡村振兴的组织振兴解析

本章为基于乡村振兴的组织振兴解析，依次介绍了乡村组织的总体概况、乡村基层党组织的发展现状、基于乡村振兴的组织振兴路径、乡村党支部助推组织振兴的典型事例四个方面的内容。

第一节　乡村组织的总体概况

一、乡村组织的概述

乡村组织主要指在村庄中以村民为核心主体，为实现村民利益而组合起来的各种组织形式。对乡村组织的界定，可以借鉴目前学术界较为公认的关于乡村组织的相关定义，其具体含义为由村民在政府影响下形成或自发形成的组织形式，具有组织成员自愿参与、自行管理并为组织内部人员服务的特点。在乡村组织的分类方面，以组织合法性问题进行划分，可分为体制内乡村民间组织和体制外乡村民间组织；以组织领域进行划分，可将乡村组织划分为经济类组织、社会文化类组织和维权类组织；以组织职能进行划分，可将乡村组织划分为政治性组织、经济性组织、基层自治性组织和社会性组织；以供给的公共产品类型划分，可将乡村组织划分为官方性民间组织、准民间组织、纯民间组织和俱乐部民间组织。根据上述关于乡村组织的界定和分类，可以将本研究中的乡村组织界定为在村庄范围内组织活动，且以本村村民为主要组织成员的乡村组织。具体来说，乡村组织主要包含权力性组织、经济性组织和社会性组织三种组织类型。

我国乡村社会一直以来都有着独特的组织模式。在中央政权尚未渗透到乡村基层时，乡村的主要管理结构是自组织形成的网络状管理结构。该模式是以

宗族组织为主要代表，包括一些其他的民间自发形成的组织网络。国家权力通过引导和管理这些网络节点，达到控制乡村社会的目的。

传统乡村生活中，村民联系紧密，具体的社会生活和生产事务均在村庄地域范围内进行。时至今日，与城市相比，我国乡村总体上依然是一个相对的熟人社会。虽然改革开放以来村民的对外流动更加频繁，但相比城市社区，村庄内部的社会交往显然更加密切，村庄内部整体上依然呈现出相对熟悉的社会状态。基于乡村社会相对熟悉的基本性质，从整个制度体系和当前的治理趋势来看，我国的乡村治理整体上更适合采用以村庄自组织治理为基础，以基层政府和外部市场为补充的多元治理模式。

（一）乡村经济组织

乡村产业的兴旺和农民生活的富裕是乡村地区繁荣和全面振兴的两个重要表现。乡村经济是乡村发展的物质基础，是乡村社会发展和稳固的物质保障，更是目前乡村振兴的底层要求，主要包括产业兴旺、生活富裕两个层面。乡村集体经济组织对乡村发展建设起着重要作用，包括物质的存储和管理、资源资料的使用、各种制度规范的制定、村庄基础设施建设和扶贫救济等，最终形成一个健康循环的发展模式。而乡村经济发展离不开结合村庄实际情况，是基于乡村集体、适应市场经济需求的经济组织模式。

（二）乡村政治组织

当前的乡村政治组织以村党支部为核心，是党在农村工作的基础；同时，在村党组织基础上，还有村民自治组织，包括村民委员会、村民小组、监督委员会等政治管理组织，其职能是以实现村民自我管理、为乡村提供公共服务为主要目的而设立的组织。乡村党组织作为村庄组织的核心，在政治层面统领，在思想层面引导，在组织层面把控，形成具有极强凝聚力的管理中心。相对应的，村民自治组织是村庄的组织核心，起着完善村民自我管理的作用，并指导村民自行完成教育提升、社会服务等重要事务。

（三）乡村文化组织和社会团体

乡村文化是村落的精神核心，主要表现为乡村乡风文明和非正式制度规

范。一般而言，乡村文化既指村庄本身沿袭的传统民俗文化、公认的道德秩序，也包括村民互相约定的一些非正式制度规范。

由于传统村落约定可以使得村民在一定条件下降低信任难度，在个体和家庭交往过程中，这更有利于实现互惠互利，对村庄的整体发展有较强的推动力，也营造了整体文明互信的文化氛围。因此，非正式制度规范在村民生活中具有约束和引导的双重含义，成为村庄组织建设的重要构成部分。而其他以娱乐、服务性质为主的村民自发组织则更加强调自由性和文化性，在不同情境下，也可能是公益性的组织，以丰富村民生活和满足不同村民的差异化需求。

二、乡村组织的发展概况

（一）市场经济需要新的农村经济组织模式

在市场经济环境下，需要新的农村经济组织模式适应农业产业化和现代化的发展需要。乡村地区生产方式和生产模式需要适应新形势的要求。当前，我国农村经济发展中存在的突出问题在于原有的小农经济生产方式不能有效满足市场经济发展的需要，新的农村经济组织模式还没有完全建立。1980 年以后，小农经济和市场经济的矛盾逐渐暴露，原有的小农经济与市场经济相比，比较难以适应市场的波动，农村地区经济呈现出增产不增收的现象。1990 年以后，随着市场经济的快速发展，规模化的农村经济模式开始逐渐变强，出现了各种形式的经济合作组织，一定程度上推动了农村生产方式的转型。同时，也一定程度上对原有的小农经济生产模式产生了冲击。

（二）新的基层社区管理影响基层党组织建设

在社会经济的快速发展过程中，基层对现代经济和社会变革的适应性不足，导致了村社委员会与党政机关的职权划分不明显、其他社会管理组织未受到足够重视等问题。传统社会管理组织性能逐渐下降，尤其是其自我管理的能力不断退化，原先的运行机制和模式面对城乡融合、乡村振兴等新政策难以产生积极的推动作用。因此，必须构建更适应当前发展的新的基层管理体系。

乡村基层党组织是对农民生活与乡村建设影响最直接、最重要的组织。乡村基层党组织的核心地位是党领导村庄工作的重要地基，运作良好的基层党组

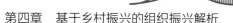

织将成为党联系农民群众的桥梁和纽带，乡村基层党组织是乡村建设的核心力量与领导者。

到 2008 年年底，我国已经完成了基层党组织在行政村一级的普及工作，几乎所有具备建立党组织条件的建制村都已经建立村党组织。同时，随着"两新"组织（新经济组织与新社会组织）的涌现，各地乡村尤其是东部沿海地区发展状况较好的乡村，按照"应建尽建"的原则，引导符合条件的村社会组织与村经济组织建立党支部。对于尚不具备独立建设党支部的组织，则构建起"一核多元"的组织治理体系，大大强化了党组织的引领作用，充分发挥了党组织在乡村振兴中的驱动作用。

然而，当前各地乡村基层党组织的建设水平参差不齐，部分组织干部没有起到带头作用，没有及时更新管理思政工作模式，思想认识有待系统学习、法治意识有待加强、文化知识有待丰富，这一现状既削弱了党组织的领导作用，也对当地村民的基本利益造成了一定的负面影响。

面对乡村基层党组织目前暴露出来的多方面问题，迫切需要积极应对，采取适当的策略补齐党组织短板，响应习近平总书记提出的"打造千千万万个坚强的乡村基层党组织，培养千千万万名优秀的乡村基层党组织书记"，为推动乡村振兴打造战斗堡垒，提供坚实的组织保障与内生发展动力。

（三）经济发展产生多种形式的村民组织

村民委员会是农村基层自治组织的主要表现形式，也是实现农村自治的根本形式。随着村庄不断发展壮大、乡村社会生活不断丰富，各地乡村在村委会的基础上还发展出了诸如调解委员会、下沉到自然村的村民小组、村民理事会等群众自治组织。这些自治组织在农村基层事务管理和日常运转中占据着极其重要的地位，也是中国特色乡村治理的一股特殊力量。

当前，我国农村村民组织主要包括以下 8 类。

第一类是文化体育类组织。给村民提供各类文化体育服务，包括规划相关设施建设、组织相关活动等。近年来，随着弘扬乡村民俗文化相关运动的持续开展，这类组织在乡村文化振兴中的地位和作用也日益显著。

第二类是公益组织。农村公益组织主要以扶贫活动为主，提供衣、食、住、行等方面的慈善救济，也包括直接的经济援助。目前，内生性的农村公益组织

较少，仍以外部援助为主。

第三类是专业协会。以农业生产及相关产业的基本技术为依托，在民政部门注册后形成的农民内部互帮互助的技术群体，一般不涉及经营活动。

第四类是农村环保生态组织。以农村生态文明维护为起点，宣传环保意识，组织推广环保生活方式。

第五类是医疗卫生组织。提供基本的医疗救助服务，并对常见爆发性、流行性疾病进行防控。

第六类是女性团体组织。除村委会下设妇女机构之外的自发性妇女组织较少，该团体一般以提供女性救助服务、宣讲女性权益、引导女性完成经济独立为主要目的。

第七类是宗族。以小家庭或姓氏血缘关系为纽带的家族群体。

第八类是宗教团体。由信教公民自愿组成，对社会具有维护道德秩序、提供精神寄托、促进文化发展的作用。

从发展方向看，作为协商决策主体，农村村民组织对重要农村公共事务的发展与决策起着举足轻重的作用。由于村民组织多为自发形成，能够代表村民中不同群体的核心利益，在交流磋商中能够很好地表现出不同方面的意见和建议，能够在制定村庄未来发展策略时很大程度上提升决策的民主程度。同时，随着经济社会发展，村民的物质和精神文化需求也越来越多样化，自上而下的管理组织难以收集如此丰富的诉求并给予满足。通过广泛而深入的村民自治组织，其自我服务功能就能够很好地达到以上目标。

目前，在村"两委"（党支部委员会与村民委员会）的领导下，农村的各类村民组织同时有着很强的乡村内生性，对于帮助农民参与息息相关的社会事务并协助农民有效解决与之相关的问题有着重要作用，有效填补以"两委"为核心的农村治理空白。加速推进村民组织建设，引导社会组织参与乡村基层治理，是实现现代化可持续乡村治理的主要路径。

第二节　乡村基层党组织的发展现状

党的十八大以来，我国经济社会发展取得了巨大成就，党和国家对于"三农"工作更为重视，全面从严治党也不断向乡村基层党组织延伸，这些为乡村

基层党组织引领乡村振兴提供了良好的环境和机遇。但同时也要看到，新时代的农村更为开放，价值取向更加多元，大数据、网络化、智能化不断在农村普及和发展，乡村基层党组织引领乡村振兴也面临一些挑战和困境。

一、乡村振兴背景下乡村基层党组织的发展机遇

新时代，"三农"工作已成为全党工作的重中之重，做好"三农"工作，必须坚定推进乡村振兴战略。乡村振兴是一项系统工程，需要政治、经济、社会、文化等各方面条件的支撑。新时代，中国社会主义事业的全面进步为乡村基层党组织引领乡村振兴提供了良好的机遇和条件。

（一）政治基础——党对"三农"工作的重视

新时代社会主要矛盾的变化使党和国家更为重视"三农"问题，"三农"问题已经成为党组织工作的重中之重，并正在采取措施集聚全社会力量推进乡村振兴，这进一步夯实了新时代乡村基层党组织引领乡村振兴的政治基础。

1. 我国主要矛盾的变化突出"三农"问题的重要性

党的十九大报告指出，中国特色社会主义进入了新时代，"这个新时代，是承前启后、继往开来、在新的历史条件下继续夺取新时代中国特色社会主义伟大胜利的时代，是决胜全面建成小康社会、进而全面建设社会主义现代化强国的时代，是全国各族人民团结奋斗、不断创造美好生活、逐步实现全体人民共同富裕的时代，是全体中华儿女勠力同心、奋力实现中华民族伟大复兴中国梦的时代，是我国日益走近世界舞台中央、不断为人类作出更大贡献的时代"①。新时代，我国社会的主要矛盾已经从人民日益增长的物质文化需求与落后的社会生产之间的矛盾转化为"人民日益增长的美好生活需要和不平衡不充分的发展之间的矛盾"②。新时代社会主要矛盾的变化，一方面充分表明，随着生产力的快速发展，我国人民的物质文化生活得到极大改善，社会生产极大丰富，广大人民的生活水平已大幅提升，我国正迎来巨大的发展机遇；另一方面也表明，随着改革开放的进一步推进，我国发展不平衡、不充分的问题日益显现，

---

① 习近平. 决胜全面建成小康社会 夺取新时代中国特色社会主义伟大胜利——在中国共产党第十九次全国代表大会上的报告 [J]. 理论学习, 2017（12）: 4-25.

② 同①.

区域发展不平衡和城乡发展不平衡是我国"发展不平衡"的集中表现，这些矛盾显著影响了广大农村群众的获得感，正在制约着"共同富裕"目标的实现。有学者指出，"当前我国农业农村基础差、底子薄、发展滞后的状况尚未根本改变，经济社会发展中最明显的短板仍然在'三农'，现代化建设中最薄弱的环节仍然是农业农村。主要表现在：农产品阶段性供过于求和供给不足并存，农村一、二、三产业融合发展深度不够，农业供给质量和效益亟待提高；农民适应生产力发展和市场竞争的能力不足，农村人才匮乏；农村基础设施建设仍然滞后，农村环境和生态问题比较突出，乡村发展整体水平亟待提升；农村民生领域欠账较多，城乡基本公共服务和收入水平差距仍然较大，脱贫攻坚任务依然艰巨；国家支农体系相对薄弱，农村金融改革任务繁重，城乡之间要素合理流动机制亟待健全；农村基层基础工作存在薄弱环节，乡村治理体系和治理能力亟待强化"①。

对于以上问题，习近平总书记强调，"农业农村农民问题是一个不可分割的整体。总的来看，当前农业基础还比较薄弱，农民年龄知识结构、农村社会建设和乡村治理方面存在的问题则更为突出"②。中国经济社会发展的现实是东部沿海地区经济较为发达，中西部地区发展相对滞后；长三角、珠三角等经济核心地区发展较快，东北老工业基地、革命老区、边疆地区相对滞后；北京、上海、广州、深圳等一线城市化水平很高，而四线、五线小城市现代化水平较低。我国农村在基础设施建设、供水保障水平、人居环境整治、教育质量、医疗卫生服务、社会保障、公共文化服务、生态环境等方面还存在诸多短板，与城市和发达国家相比还存在较大差距。农村空心化、农民老龄化、农业荒芜化等现象在某些农村地区日益严重，农民对美好生活的向往更加强烈，他们向往更高的教育水平、稳定的收入来源、安全的住所和宜人的环境。这些问题如果长期得不到解决，必将影响全面建成社会主义现代化强国目标的实现。

2. "三农"工作已成为全党工作的重中之重

农业、农村、农民问题关乎国家长治久安。习近平总书记强调："农业农村农民问题是关系国计民生的根本性问题，必须始终把解决好'三农'问题作

---

① 张勇.《乡村振兴战略规划（2018—2022年）》辅导读本 [M]. 北京：中国计划出版社，2018：15.

② 中共中央党史和文献研究院. 习近平关于"三农"工作论述摘编 小字本 [M]. 北京：中央文献出版社，2019：8.

为全党工作的重中之重。"①中国历史发展的进程也表明：农业稳固，则国家安定；农村和谐，则社会有序；农民富足，则国家强盛。在新时代，根据社会主要矛盾的变化，尤其面对新冠肺炎疫情对经济社会发展的冲击，全党上下更要将解决"三农"问题作为践行初心与使命的重要内容。

其一，任何时候都不能忽视农业。"农业是安天下稳人心的产业，始终是国民经济的基础。"②民以食为天，粮食是人类生产生活最基础的物质资源，粮食的生产在于农业生产水平的提高，农业发展得好与坏直接影响着人们最基本的物质生活。因此，任何时候都要将饭碗牢牢掌握在自己手中，持续加大对农业的投入，提高粮食生产能力。

其二，任何时候都不能忘记农民。社会发展的关键在于"人"，农村社会发展的关键在农民。中国共产党是以工农阶级为基础的党，农民在中国革命、建设、改革的进程中发挥着重要作用，农民不仅是推进农村经济社会发展的主力军，而且要享有农村经济社会发展的成果。因此，任何决策与制度设计都要将维护农民群众利益放在第一位，着力提高农民收入水平，解决他们的愁事、难事和烦心事。

其三，任何时候都不能淡漠农村。从历史的角度看，中国有着几千年农耕文明的历史积淀，中华文明因为有着农耕文明的涵养而更具魅力与活力；从现实的角度看，"全面建成小康社会，最艰巨、最繁重的任务在农村"，最突出的短板在"三农"，农村发展的程度是国家所设定的社会发展目标能否实现的决定性因素。因此，无论在哪个阶段，都要时刻将农村经济社会发展的目标融入国家发展的大目标，科学设计乡村发展方案，久久为功，大力挖掘乡村价值、激发乡村活力、促进乡村和谐、增强乡村魅力，实现乡村的全面振兴与繁荣。

3. 正在形成重视"三农"问题的良好氛围

习近平总书记指出："各级党委要加强对'三农'工作的领导，各级领导干部都要重视'三农'工作，多到农村去走一走，多到农民家里去看一看，真正了解农民诉求和期盼，真心实意帮助农民解决生产生活中的实际问题，推动

① 习近平. 决胜全面建成小康社会 夺取新时代中国特色社会主义伟大胜利——在中国共产党第十九次全国代表大会上的报告 [J]. 理论学习，2017（12）：4-25.

② 习近平. 之江新语 [M]. 杭州：浙江人民出版社，2007：191.

农村经济社会持续健康发展。"①面对全面建设社会主义现代化的强国目标，为了更好地解决"三农"问题这个短板，党中央不断针对解决"三农"问题和促进"三农"发展而作出重大战略部署，举全党全国全社会之力解决"三农"问题的良好氛围正在形成和发展。

2017 年，党的十九大报告中首次提出要实施"乡村振兴"发展战略，并提出"要坚持农业农村优先发展，按照产业兴旺、生态宜居、乡风文明、治理有效、生活富裕的总要求，建立健全城乡融合发展体制机制和政策体系，加快推进农业农村现代化"②。2017 年的中央农村工作会议指出，"必须立足国情农情，切实增强责任感、使命感、紧迫感，举全党全国全社会之力，以更大的决心、更明确的目标、更有力的举措推动农业全面升级、农村全面进步、农民全面发展，谱写新时代乡村全面振兴新篇章"③。此外，会议还为乡村振兴的推进设定了路线图，即"到 2020 年，乡村振兴取得重要进展，制度框架和政策体系基本形成；到 2035 年，乡村振兴取得决定性进展，农业农村现代化基本实现；到 2050 年，乡村全面振兴，全面实现农业强、农村美、农民富的目标"④。为此，会议提出，"要集中资源、强化保障、精准施策"，"加强乡村基层党组织建设，巩固好'不忘初心、牢记使命'主题教育成果，密切党群干群关系，提高服务群众能力"⑤。2018 年的中央一号文件将乡村振兴作为专题进行了部署，出台了《中共中央、国务院关于实施乡村振兴战略的意见》，共分为 4 个板块、12 个部分对乡村振兴的重大意义、总体要求、重点任务、保障措施和坚持党的领导作出详细部署。同年，中共中央、国务院又印发了《乡村振兴战略规划（2018—2022 年）》，此文件更为重视顶层设计和长远规划，对实施乡村振兴这一战略作出了阶段性谋划，明确了 2020 年全面建成小康社会和 2022 年党的二十大召开时的目标任务，细化了各阶段的工作重点和政策措施。

党的十九届五中全会进一步明确了"三农"工作在全党工作中的地位，提

---

① 中共中央党史和文献研究院. 习近平关于"三农"工作论述摘编 小字本 [M]. 北京：中央文献出版社，2019：187.

② 习近平. 决胜全面建成小康社会 夺取新时代中国特色社会主义伟大胜利——在中国共产党第十九次全国代表大会上的报告 [J]. 理论学习，2017（12）：4-25.

③ 中央农村工作会议在京召开 [N]. 人民日报，2017-12-30（001）.

④ 同③.

⑤ 同③.

出要"优先发展农业农村，全面推进乡村振兴。坚持把解决好'三农'问题作为全党工作重中之重，走中国特色社会主义乡村振兴道路，全面实施乡村振兴战略，强化以工补农、以城带乡，推动形成工农互促、城乡互补、协调发展、共同繁荣的新型工农城乡关系，加快农业农村现代化。要保障国家粮食安全，提高农业质量效益和竞争力，实施乡村建设行动，深化农村改革，实现巩固拓展脱贫攻坚成果同乡村振兴有效衔接"①。《中共中央关于制定国民经济和社会发展第十四个五年规划和二〇三五年远景目标的建议》将"优先发展农业农村，全面推进乡村振兴"进行部署和规划，详细对"三农"各个领域的目标、要求和措施进行了具体设定。2020 年 12 月 28—29 日召开的中央农村经济工作会议提出要坚持把解决好"三农"问题作为全党工作重中之重，综合采取措施促进农业高质高效、乡村宜居宜业和农民富裕富足。

综上，目前，党和国家在政治、认识上已经将"三农"工作作为核心工作，党委统一领导、政府负责、农业农村工作部门统筹协调"三农"工作的领导体制已经形成，五级书记抓乡村振兴的工作格局也正在推进，这些均为乡村基层党组织引领乡村振兴奠定了坚实的政治基础。

（二）全面加强党的建设，引领乡村基层党组织建设

乡村振兴的组织基础全面加强党的建设的背景，使社会各领域、各层次、各环节更加强调党的领导核心地位，这为新时代乡村基层党组织引领乡村振兴奠定了坚实的组织基础。

1. 各个领域全面展开党的建设

自党的十八大以来，全面从严治党已成为"四个全面"战略布局的重要内容，也是党的建设的重要内容和主基调。全面从严治党永远在路上。习近平总书记指出："新形势下，我们党的自身建设面临一系列新情况新问题新挑战，落实党要管党、从严治党的任务比以往任何时候都更为繁重、更为紧迫。我们必须以更大的决心和勇气抓好党的自身建设，确保党在世界形势深刻变化的历史进程中始终走在时代前列，在应对国内外各种风险和考验的历史进程中始终成为全国人民的主心骨，在发展中国特色社会主义的历史进程中始终成为坚强

---

① 中国共产党第十九届中央委员会第五次全体会议公报［J］. 共产党员，2020（21）：4-7.

的领导核心。"①并在党的十九大报告中进一步指出坚持全面从严治党"必须以党章为根本遵循，把党的政治建设摆在首位，思想建党和制度治党同向发力，统筹推进党的各项建设"②。随着全面从严治党不断向基层延伸和向纵深发展，全面加强党的建设已经成为广大农村基层党员干部的自觉行动，并日益形塑和建构着广大农村党员的一言一行。

2016 年以来，全党有序开展了"两学一做"和"不忘初心、牢记使命"等形式多样、内容丰富的党性教育主题活动；2018 年以来，党和国家相继制定和下发了《中共中央、国务院关于实施乡村振兴战略的意见》《乡村振兴战略规划（2018—2022 年）》《中国共产党农村基层组织工作条例》《关于加强和改进乡村治理的指导意见》《中国共产党农村工作条例》等文件，对乡村基层党组织的角色定位、组织设置、职责职能、作用发挥都进行了详细规定，为乡村基层党组织的建设指明了方向，也收到了良好效果。

一是纯洁了思想。这些教育活动和文件规范重视理想信念教育、初心与使命教育，特别是对宗旨意识和权利义务意识等方面的认识，进一步提升了农村广大党员的思想和意识。

二是严明了党的纪律。通过多种形式的教育，广大农村党员自觉在思想上、政治上、行动上同党中央保持高度一致，努力做到对党忠诚、为党分忧、为党担责、为党尽责，进一步强化了党员的"四个意识"，坚定了"四个自信"，切实做到"两个维护"。

三是净化了政治生态。通过主抓领导干部，教育引导各级领导干部立正身、讲原则、守纪律、拒腐蚀，形成一级带一级、一级抓一级的高压态势和示范效应，积极营造风清气正的政治生态。

四是改进了基层作风。习近平强调："乡村振兴不是一句口号，讲究的就是一个'实'字，农村工作干部要真正深入群众，真心依靠群众，真情关爱群众，真诚服务群众。要大兴调查研究之风，倡导求真务实精神，真抓实干，吹糠见米，出水方见两脚泥，切忌浮于表面、流于形式、隔山打牛，以作风的提

① 中共中央文献研究室. 习近平关于全面从严治党论述摘编［M］. 北京：中央文献出版社，2016.

② 习近平. 决胜全面建成小康社会 夺取新时代中国特色社会主义伟大胜利——在中国共产党第十九次全国代表大会上的报告［J］. 理论学习，2017（12）：4-25.

振推动乡村的振兴。"①在落实乡村振兴战略的各项决策中,广大农村基层党员和干部进一步强化了责任担当,经常深入基层、深入农户,密切了党群关系,及时化解了矛盾,工作作风进一步改进。

2. 对实施乡村振兴战略提出了更高要求

中国共产党历来重视乡村基层党组织建设,无论是在革命时期、社会主义建设时期还是在改革开放新时期,乡村基层党组织都在促进农村发展、维护农村社会秩序乃至社会稳定中发挥了奠基石的作用。习近平总书记强调,"党的基层组织是确保党的路线方针政策和决策部署贯彻落实的基础。要以提升组织力为重点,突出政治功能,把企业、农村、机关、学校、科研院所、街道社区、社会组织等基层党组织建设成为宣传党的主张、贯彻党的决定、领导基层治理、团结动员群众、推动改革发展的坚强战斗堡垒"②。具体到乡村振兴战略实施的大背景之下,乡村基层党组织与乡村振兴具有一种双向互动的关系。一方面,乡村基层党组织是推进乡村振兴发展战略实施的核心主体,为顺利实施乡村振兴战略提供组织保障;另一方面,乡村振兴战略实施各项目标要求也为乡村基层党组织建设质量的提升提供了机遇和平台,有助于强化和巩固乡村基层党组织的领导核心地位。

乡村振兴战略是一项复杂的系统工程,既需要社会各个系统共同协作,又需要基层党组织的强力推进。乡村要振兴,乡村基层党组织必须强大和有力。其一,乡村基层党组织要自觉成为乡村振兴的组织保障。乡村基层党组织要充分利用组织优势,通过党员的先锋模范作用影响和带动周围农村群众,团结和带领广大群众参与到乡村振兴建设中来。其二,乡村基层党组织要成为连接党和农民的桥梁。乡村基层党组织要能够将上级党组织与农村基层社会有效连接,成为密切联系群众的纽带。在推进乡村振兴的过程中,能够有效将党和国家实施乡村振兴战略的初心与社会主义本质间的关系向广大农村群众讲清楚、说明白,从而激发群众参与乡村振兴的内生动力。其三,乡村基层党组织要能够最大限度地整合乡村资源。乡村基层党组织引领乡村振兴,

① 中共中央党史和文献研究院. 习近平关于"三农"工作论述摘编 小字本 [M]. 北京:中央文献出版社, 2019.

② 习近平. 决胜全面建成小康社会 夺取新时代中国特色社会主义伟大胜利——在中国共产党第十九次全国代表大会上的报告 [J]. 理论学习, 2017(12):4-25.

必须能够对村内资源进行有效整合，协调各方利益，凝聚各方力量，实现村内资源利用的最优化和农民利益的最大化，为乡村振兴战略的实施提供良好的社会支持。其四，乡村基层党组织要能够发挥自身影响力，聚合农村优质人力资本。

由此可知，乡村振兴战略的实施既是对乡村基层党组织领导能力的一次考验，又为乡村基层党组织作用的发挥、功能的实现聚合了更丰富的资源、提供了更广阔的舞台，对于乡村基层党组织建设来说更是一次重要的机遇。

3. 加强党的建设提升了乡村基层党组织的建设质量

不断加强党的建设，提高党的建设质量，为破解时代难题提供了政治和组织保障，是中国共产党取得革命、建设、改革重大成功的宝贵经验和有效途径。习近平总书记在党的十九大报告中提出了新时代党的建设总要求，即"坚持和加强党的全面领导，坚持党要管党、全面从严治党，以加强党的长期执政能力建设、先进性和纯洁性建设为主线，以党的政治建设为统领，以坚定理想信念宗旨为根基，以调动全党积极性、主动性、创造性为着力点。全面推进党的政治建设、思想建设、组织建设、作风建设、纪律建设，把制度建设贯穿其中，深入推进反腐败斗争，不断提高党的建设质量，把党建设成为始终走在时代前列、人民衷心拥护、勇于自我革命、经得起各种风浪考验、朝气蓬勃的马克思主义执政党"[①]。并强调要"不断增强党的政治领导力、思想引领力、群众组织力、社会号召力，确保我们党永葆旺盛生命力和强大战斗力"[②]。这些关于加强党的建设的重要思想和工作部署，是对共产党执政规律认识的深化，为新时代乡村基层党组织的建设与发展提供了科学指引，也在实践中有效提高了乡村基层党组织的建设质量，从而夯实了乡村基层党组织引领乡村振兴的组织基础。

其一，全面加强党的政治建设为提升乡村基层党组织的政治领导力提供了良好的制度保障。有学者认为，"政治领导力在党的执政能力中居于首要位置，主要体现为制定和执行党的政治纲领、政治路线和方针政策的能力"[③]。而乡

① 习近平. 决胜全面建成小康社会 夺取新时代中国特色社会主义伟大胜利——在中国共产党第十九次全国代表大会上的报告 [J]. 理论学习，2017（12）：4-25.

② 同①.

③ 张江汀. 不断增强党的政治领导力 [J]. 党建研究，2018（05）：19-20.

村基层党组织是我们党进行群众动员的依靠和桥梁，其政治领导力直接关系到党和国家政策方针的落实情况，进而影响党群关系的发展与变化。党的十八大以来，习近平总书记坚持把党的政治建设摆在首位，将保证全党服从中央、坚持党中央权威和集中统一领导作为党的政治建设的首要任务，政治建设已经成为一项基本制度和规定。强调"全党要坚定执行党的政治路线，严格遵守政治纪律和政治规矩，在政治立场、政治方向、政治原则、政治道路上同党中央保持高度一致。要尊崇党章，严格执行新形势下党内政治生活的若干准则，增强党内政治生活的政治性、时代性、原则性、战斗性，自觉抵制商品交换原则对党内生活的侵蚀，营造风清气正的良好政治生态"[1]。这样一种坚持和加强党的全面领导的政治导向，为促进乡村基层党组织政治领导力的提升提供了良好的制度保障。

其二，全面加强党的思想建设为提升乡村基层党组织的思想引领力创造了良好的社会氛围。有研究者认为，"新时代，党的思想引领力体现为党创造新思想、传播新思想、运用新思想引导人们改造主观世界和客观世界的能力"[2]。而乡村基层党组织是农村生产生活最直接的接触者和农情村情民意最直接的反馈者，因而是党创造新思想、传播新思想、运用新思想引导群众的关键一环。党的十八大以来，党中央高度重视党的思想建设，把坚定理想信念作为党的思想建设的首要任务，坚持用习近平新时代中国特色社会主义思想武装全党。习近平总书记强调"教育引导全党牢记党的宗旨"[3]，树立正确的世界观、人生观和价值观，"自觉做共产主义远大理想和中国特色社会主义共同理想的坚定信仰者和忠实实践者"；"推进'两学一做'学习教育常态化、制度化"；"在全党开展'不忘初心、牢记使命'主题教育，用党的创新理论武装头脑"[4]。这样一种坚持和加强理想信念教育、重视理论教育的思想导向，为促进乡村基层党组织思想引领力的提升提供了良好的社会氛围。

其三，全面加强党的组织建设为提升乡村基层党组织群众组织力和社会

---

① 习近平. 决胜全面建成小康社会 夺取新时代中国特色社会主义伟大胜利——在中国共产党第十九次全国代表大会上的报告 [J]. 理论学习，2017（12）：4-25.

② 骆郁廷. 新时代如何提升党的思想引领力 [J]. 人民论坛，2019（12）：15-17.

③ 同①.

④ 同①.

号召力提供了良好的组织基础。有学者指出，"群众组织力是党永葆旺盛生命力和强大战斗力的基础性能力，是组织和动员群众参与社会实践活动的能力"①；社会号召力是指"以价值理念、政治目标和社会愿景等为基础，对不同的社会群体、社会阶层和社会力量进行凝聚、感召、引导与动员，使之产生向心力、认同力、归属感和追随倾向的能力"②。而乡村基层党组织与群众接触最为密切和深入，是组织和动员群众参与乡村振兴战略实施的第一力量，其群众组织力和社会号召力直接关系到乡村振兴战略的推进实效。习近平总书记十分重视党的组织建设，尤其是基层党组织的建设与发展，他强调，"基层党组织是党执政大厦的地基，地基固则大厦坚，地基松则大厦倾"③；"建设好党的组织体系这座大厦，要让组织体系的经脉气血畅通起来，让党支部强起来"④。党的十九大以来，各级党组织不断强化乡村基层党组织建设，提升农村基层党建的规范化水平；不断加强乡村基层党组织干部队伍建设；习近平总书记提出"要加强'三农'工作干部队伍的培养、配备、管理、使用，把到农村一线锻炼作为培养干部的重要途径，形成人才向农村基层一线流动的用人导向"⑤，为农村基层党的干部培养指明了方向；不断加强党员的教育和管理，增强党员党性修养；不断增强基层党组织的服务功能，提升群众对农村党组织的认同感和满意度。这样一种不断加强乡村基层党组织建设的趋向，提升了广大农村群众紧紧围绕和依靠农村党组织推进乡村振兴的信心和积极性，为提升乡村基层党组织的群众组织力和社会号召力提供了良好的组织基础。

（三）物质基础——经济社会发展

改革开放 40 多年来，在中国共产党的坚强领导下，毫不动摇地坚持以经济建设为中心，国民经济蓬勃发展，综合国力显著提升，人民生活水平大幅提

① 尹传政. 增强党的群众组织力探析 [J]. 中国特色社会主义研究，2020（02）：100-106.

② 魏志奇. 增强党的社会号召力探析 [J]. 中国特色社会主义研究，2020（03）：103-110.

③ 习近平. 在全国组织工作会议上的讲话 [M]. 北京：人民出版社，2018.

④ 习近平. 在中央和国家机关党的建设工作会议上的讲话 [J]. 旗帜，2019（11）：5-8.

⑤ 中共中央党史和文献研究院. 习近平关于"三农"工作论述摘编 小字本 [M]. 北京：中央文献出版社，2019.

高，国际竞争力、影响力不断增强，创造了人类历史上前所未有的两大奇迹，即"经济快速发展奇迹和社会长期稳定奇迹"，这为实施乡村振兴战略提供了难得的机遇。

有研究者指出，"改革开放 40 年，中国经济社会发展确确实实上了很大的台阶。从国民经济外部环境来看，2017 年中国 GDP 总量超过了 82.71 万亿元，占全球经济总量的 15%，人均 GDP 已经达到了 8 820 美元。从农业农村内部来看，中国是世界第一农业产出大国、粮食产出大国、肉类产出大国、水产品产出大国。这为我们实施乡村振兴战略奠定了坚实的物质基础"[1]；"党的十八大以来，城乡居民收入增速超过经济增速，城镇居民、农村居民人均可支配收入已从 2013 年的 26 467 元、9 430 元分别增加到 2019 年的 42 359 元、16 021 元"[2]。尤其是在"十三五"期间，中国特色社会主义事业取得了全面进步，经济实力、科技实力、综合国力、民生保障等跃上新的台阶，城乡收入和消费的差距逐步缩小。据国家统计局局长宁吉喆于 2020 年 12 月 30 日介绍"十三五"期间收入和消费的情况，"过去几年，我国居民收入持续增长，2016 年至 2019 年居民人均可支配收入年均实际增长 6.5%；城乡差距逐步缩小，2019 年城镇居民与农村居民人均可支配收入之比为 2.64，比 2015 年缩小了 0.09；中等收入群体规模扩大，由 2010 年的 1 亿多人增加到 2019 年的 4 亿多人。同时，居民消费规模持续扩大，2019 年社会消费品零售总额达到 41.2 万亿元，比 2015 年增长了 36.9%；消费结构也不断优化，恩格尔系数（居民食品支出占总支出的比重）从 2015 年的 30.6% 降为 2019 年的 28.2%，这反映了消费结构的升级；消费新业态、新模式蓬勃发展，2019 年网上零售额达到 10.6 万亿元，比 2015 年增长了 1.74 倍，今年网上零售更是乘势上升"[3]。中国特色社会主义事业所取得的一系列经济社会发展成就使得国家有了推动农业农村发展的坚实物质基础，为乡村基层党组织引领乡村振兴提供了更充裕的资金投入、更高素质的人才队伍、更高水准的科技支撑。

---

① 张红宇. 牢牢把握新时代乡村振兴的历史使命 [J]. 四川党的建设，2018（18）：66-68.

② 詹成付. 提高人民收入水平 [J]. 中国民政，2021（02）：8-10.

③ 央视新闻.2016 年至 2019 年，居民人均可支配收入年均实际增长 6.5% [EB/OL]. （2020-10-30）[2023-03-15]. https://baijiahao.baidu.com/s?id=1681949743882471704&wfr=spider&for=pc.

1. 经济社会发展的成就提供了经济条件

从发展举措来看，党和国家层面上，习近平同志多次强调要"加大农业投入力度，财政再困难也要优先保证农业支出，开支再压缩也不能减少'三农'投入"[①]。首先，加强现代农业设施建设。2020 年中央一号文件明确提出："提早谋划实施一批现代农业投资重大项目、支持项目及早落地、有效扩大农业投资。"[②]加快推进高标准农田建设，抓紧启动和开工一批重大水利工程和配套设施建设、农产品仓储保鲜冷链物流设施建设，以及骨干冷链物流基地。其次，着力解决农村金融问题。"鼓励开展农民合作金融试点，建立适合农村特点的金融体系"[③]；"采取多种方式为农业发展开辟新的融资渠道"[④]。同时，支持农民参与农业保险防范风险，不断强化政府对农业和农民的保护，为农业农村发展创造有利条件。最后，还强调加强党委农村工作机构建设，提高农村干部待遇。

从发展成效来看，经过"十三五"时期的发展，我国经济社会发展已经取得全方位、开创性的历史成就。"国内生产总值在 2016—2019 年保持了 6.7% 的年均增速，2019 年国内生产总值达到 99.1 万亿元，占全球经济比重达 16%，对世界经济增长的贡献率达到 30% 左右。"[⑤]2020 年我国更是抵抗住了新冠疫情的冲击，国内生产总值首次突破 100 万亿元，比上年增长 2.3%。在"三农"领域，"农业供给侧结构性改革取得新进展，农业综合生产能力明显增强，全国粮食总产量连续 5 年保持在 1.2 万亿斤以上，农业结构不断优化，农村新产业、新业态、新模式蓬勃发展，农业生态环境恶化问题得到初步遏制，农业生产经营方式发生重大变化。农村改革取得新突破，农村土地制度、农村集体产权制度改革稳步推进，重要农产品收储制度改革取得实质性成效，农村创新创业和投资兴业蔚然成风，农村发展新动能加快成长。城乡发展一体化迈出新步

---

① 中共中央党史和文献研究院. 习近平关于"三农"工作论述摘编 小字本 [M]. 北京：中央文献出版社，2019：143.

② 中共中央国务院关于抓好"三农"领域重点工作确保如期实现全面小康的意见[N] 人民日报，2020-02-06（001）.

③ 同①.

④ 同①.

⑤ 武力. "十三五"时期我国经济社会发展成就显著 [J]. 红旗文稿，2020（20）：34-37+1.

伐，5 年间 8 000 多万农业转移人口成为城镇居民，城乡居民收入相对差距缩小，农村消费持续增长，农民收入和生活水平明显提高。脱贫攻坚开创新局面，贫困地区农民收入增速持续快于全国平均水平，集中连片特困地区内生发展动力明显增强，过去 5 年累计 6 800 多万贫困人口脱贫。农村公共服务和社会事业达到新水平，农村基础设施建设不断加强，人居环境整治加快推进，教育、医疗卫生、文化等社会事业快速发展，农村社会焕发新气象"[①]。越来越多人被农村发展的远大前景和政府颁布的有利政策吸引，走入乡村进行投资，有文化、懂技术、会经营的新型农民开始涌现，村集体经济得到发展和壮大。由此可知，中国经济持续平稳较快发展为乡村的建设与发展提供了良好的经济条件，使国家有能力来大力推进乡村振兴。

2. 经济社会发展的成就提供了人才支撑

人才是经济社会发展的决定性因素。习近平同志在给全国涉农高校的书记校长和专家代表的回信中指出："中国现代化离不开农业农村现代化，农业农村现代化关键在科技、在人才。新时代，农村是充满希望的田野，是干事创业的广阔舞台，我国高等农林教育大有可为。"[②]由此可见党中央对于"三农"人才培养的重视程度和力度。经济社会的快速发展，在客观上使得国家有了更加充足的人力、物力、财力来培养更多知农、爱农、扎根乡村的人才，从而为推动更多科技成果走向田间地头提供可能。"2018 年中央'一号文件'从制度建设、教育培训、政策扶持等方面对新型职业农民培育工作提出明确要求。2017 年 1 月，农业部印发《'十三五'全国新型职业农民培育发展规划》，提出到 2020 年，新型职业农民队伍规模达到 2 000 万人，务农农民职业化程度明显提高，新型职业农民队伍总体文化素质、技能水平和经营能力显著改善等发展目标。"[③]2020 年的中央一号文件提出，要"培养更多知农爱农、扎根乡村的人才，推动更多科技成果应用到田间地头。畅通各类人才下乡渠道，支持大学生、退役军人、企业家等到农村干事创业。整合利用农业广播学校、农业科研院所、

① 张勇.《乡村振兴战略规划（2018—2022 年）》辅导读本 [M]. 北京：中国计划出版社，2018：14-15.

② 习近平回信寄语全国涉农高校广大师生 以立德树人为根本 以强农兴农为己任[J] 农村工作通讯，2019（18）：2.

③ 同①.

涉农院校、农业龙头企业等各类资源，加快构建高素质农民教育培训体系"①。另外，党在提拔和培养干部方面，也一再要求要将具备一定的农村基层工作服务经历作为晋升考核的主要指标，以此引导人才下乡、服务"三农"。精准扶贫以来，各级党组织通过选派派驻村工作队下乡，更好地构筑了上下级沟通的桥梁，助力乡村振兴战略的实施以及脱贫攻坚工作的开展。此外，也由于我国经济的快速发展，农村出现了部分民间精英逐渐成长为农村的"致富带头人""技术带头人"的良好态势，他们在带动广大农民群众积极建设乡村、带动周围群众发展致富方面起到了积极作用。同时，国家致力于加快形成以城带乡、城乡一体的新型城乡关系，通过各种渠道引导资本、技术、人才等要素向乡村流动，越来越多的人开始关注农村发展的巨大潜力，转向广大的农村地区谋求发展，这也为农村的发展和乡村的全面振兴注入了新鲜血液。

3. 经济社会发展的成就提供了技术支持

党和国家始终高度重视技术和创新对农业发展的重要作用。无论在哪个历史阶段，都始终强调要加强农业生物技术研发，加快大中型、智能化、复合型农业机械的研发和应用，并深入实施了科技特派员制度，培养和壮大科技特派员队伍，着力加强现代农业产业技术体系建设。这些措施大幅度提高了农业生产效率，极大程度地保障了农业的高质量发展。"十三五"规划期间，"我国完成了8亿亩旱涝保收、高产稳产的高标准农田建设任务；农业科技进步贡献率突破60%，全国农作物耕种收综合机械化率超过70%，主要农作物良种实现全覆盖"②。

经济社会的快速发展带来网络的全面普及和物流行业的发展。当今，网络直播、带货等形式在农村已经广泛流行，农民对于产品的宣传和销售获得了更多的自主权和可能性，宣传成本大幅降低，销售渠道日益拓宽。并且随着物流行业的迅速发展，运输网络体系逐步向农村地区延伸，这些不仅便利了农民的日常生活采购，而且使得农产品的运输更为便捷，扩大了农产品的销售区域。这一切的发展变化使得农民收入持续增长、城乡居民收入差距持续缩小，也畅

① 中共中央国务院关于抓好"三农"领域重点工作确保如期实现全面小康的意见[N] 人民日报，2020-02-06（001）.

② 新闻办网站. 国务院新闻办发布会介绍"十三五"时期农业农村发展主要成就有关情况［EB/OL］.（2020-10-27）〔2023-03-15〕. http://www.gov.cn/xinwen/2020-10-27/content_5555058.htm.

通了国内的大循环。2020 年 10 月 27 日，在国务院新闻办发布会上，农业农村部副部长刘焕鑫在介绍"十三五"时期农业农村发展主要成就时指出，我国"农民收入提前实现翻番目标。农村居民人均可支配收入 2019 年突破 1.6 万元，提前一年比 2010 年翻一番，增速连续 10 年高于城镇居民"①。这样的趋势长期保持，农民幸福感、获得感必将持续上升，对于基层党组织的工作认可度和信任度也将随之增长。同时，随着信息技术的发展，电子化办公方式逐步走向农村基层，乡村基层党组织的宣传动员方式更加多样化，乡村基层党组织的内部管理和工作程序更加规范化，与群众的交流和解决群众的问题不再受到时间和地点的限制，群众工作也势必更为便捷和有效。

二、乡村振兴背景下乡村基层党组织面临的挑战

（一）乡村社会个体化产生的挑战

改革开放之后，国家在农村的制度设计和制度实践不断发生转变，如人民公社解体、家庭联产承包责任制推广、村民自治制度在各地区广泛推进，这一系列的制度变迁使农村社会获得了一定的"自主空间"，农村社会逐步从"总体性社会"转向"个体化社会"，广大农民群体逐渐由"组织人"和"公社人"转向"社会人"和"个体人"，日益成为"为自己而活"和"靠自己而活"的原子化个体②。在这一转变过程中，农民个体逐步从宗族、村庄等地方共同体和地方性知识的制约中解放出来，直接面对国家、市场和全民性规范，从此个人不再被他人所决定，而进入到自己决定自己命运过程的个体化社会时代。这样的个体化进程给乡村基层党组织在乡村振兴中功能的发挥也带来了一定的困境和制约。

（二）乡村社会组织多元化产生的挑战

随着改革开放的深入、家庭联产承包责任制的确立、市场经济的发展，以及村民自治制度在广大农村的普遍实行，我国农村的治理结构逐渐发生了巨大

变化，除了乡镇党委和政府、农村党支部、村民委员会，各种农民合作组织、农村专业协会、公益慈善和社区服务类等民间社会组织开始进入乡村治理领域，乡村治理的主体更加多元，这些新兴社会组织成为农村治理中的重要力量。乡村社会组织的多元化承担了提供部分公共产品和公共服务的功能，促进了农村经济社会的发展，但同时也压缩了乡村基层党组织功能发挥的空间，对乡村基层党组织的领导能力提出了更高要求。

（三）乡村社会数字化带来的挑战

当今时代，大数据、5G、云计算、人工智能等数字技术蓬勃发展，数字经济已成为经济的主要形态。有关统计数据显示，2019 年，我国数字经济规模达到 35.8 万亿元，占 GDP 的比重为 36.2%，对 GDP 增长的贡献率达 67.7%，成为我国经济增长的核心拉动力[①]。面对城乡发展不平衡、乡村发展不充分的实际状况，党中央制定了数字乡村发展战略，鼓励以数字化推动乡村的全面振兴，并取得明显成效。2020 年 11 月，农业农村部发布的《2020 全国县域数字农业农村发展水平评价报告》显示，2019 年全国县域数字农业农村发展总体水平达 36.0%，较上年提升 3 个百分点[②]。随着相关政策支持体系的初步建立，我国数字技术与农业农村正加速融合，农村新产业和农业新业态竞相涌现，农业农村数字化设施装备条件明显改善。农业农村部和中央网络安全和信息化委员会办公室发布的《数字农业农村发展规划（2019—2025 年）》明确指出："农业农村数字化是生物体及环境等农业要素、生产经营管理等农业过程及乡村治理的数字化，是一场深刻革命。"[③]这场革命既给"三农"带来了发展机遇，又给乡村基层党组织推进乡村振兴带来了一定的挑战。

---

① 殷浩栋，霍鹏，汪三贵. 农业农村数字化转型：现实表征、影响机理与推进策略 [J]. 改革，2020（12）：48-56.

② 张博宁，康春鹏. 全国县域数字农业农村发展水平评价报告 2020 [M]. 北京：中国农业出版社，2021.

③ 中华人民共和国农业农村部，中央网络安全和信息化委员会办公室. 数字农业农村发展规划（2019—2025 年）[EB/OL].（2016-02-19）[2023-01-05]. http://www.moa.gov.cn/govpublic/FZJHS/202001/t20200120_6336316.htm.

第三节 基于乡村振兴的组织振兴路径

组织振兴是乡村振兴的保障条件，必须健全以党组织为核心的基层组织体系，更好地按照党的意志和精神领导基层治理，动员组织广大农民，推动乡村全面振兴。同时，也要适应市场经济和社会经济其他方面的发展需要，组织管理好多种形式的乡村组织。以符合党的十九大提出的"加强社会治理制度建设，完善党委领导、政府负责、社会协同、公众参与、法治保障的社会治理体制，提高社会治理社会化、法治化、智能化、专业化水平"①的要求。

一、乡村治理社会化

（一）基层党建工作

1. 发挥乡村基层党组织的政治功能

（1）提高乡村基层党组织的领导权威

由于部分基层党组织对群众深入融合的不足，党和群众联系弱化，反过来影响了基层党组织对村庄事务的把控。当前形势下，不应该一味地强调树立基层党组织的权威性，而需要合理分配权柄，赋予基层组织足够的资源调配和分配能力，让党组织在管理村庄事务的时候有足够的决定权，以此为突破口，重新强化其与农民之间的联系，并对村庄未来发展进行宏观、战略性的把控。

（2）严把党员发展关口

个体是组织发展的基石，能够在符合条件的成员中积极发展党员是组织能够良性发展的关键。由此而生的新问题就是，挑选党员后备人才的范围应当进一步扩展，在各行各业的村民中进行选拔和引导，以调整党组织结构的性别比例、年龄构成、工作方向等，以更好地适应现在农村工作的新需求。同时，坚持严格的选择标准，党的建设人才必须是真正的优秀人才，是综合素质较高的积极人群。另外，党员选拔制度应当公平、公正、公开，让村民群众有条件参

---

① 习近平. 决胜全面建成小康社会 夺取新时代中国特色社会主义伟大胜利——在中国共产党第十九次全国代表大会上的报告 [J]. 实践（思想理论版），2017（11）：4-21.

与进来了解党、党员和未来的服务队伍，以建立认同感，形成紧密联系。

（3）完善乡村基层党组织的运行机制

一个良好的运行机制是组织能够成功的保障，将工作制度化、规范化，有利于内部管理，更有利于组织对外工作的顺利实施。一方面，必须坚持组织纪律的严谨性，定期开展党内政治活动，做好开会要求，严格记录活动进程，建立合适的奖惩措施。在学习相关文件和政策时，应结合实践、结合自身实际深入探讨，提高感悟。做好自评和互评工作，落实党内生活会的重要性。另一方面，利用开展多样化、趣味化的相关活动，如节庆活动、当地特色民俗等，吸引党员和群众的积极参与，提升组织凝聚力。

2. 创新乡村基层党组织的动员方式

（1）发挥精神动员的作用

经济改革开放后，农民个人价值观产生了一定变化，集体主义逐渐弱化，因此党组织工作难以开展。党深入群众的基础是精神共鸣，在做好引导经济发展的同时，也必须坚守精神文化阵地。通过弘扬社会主义核心价值观，结合农民切身利益进行科普宣讲，或在物质动员的同时加入思政教育，输出正确的社会主义核心价值观。通过精神动员，提升村民精气神，凝聚村庄建设核心力量，深化党的群众基础。

（2）重视"利益兼顾"的原则

在党组织工作过程中，永远牢记为人民服务的宗旨，乡村基层党组织应当始终视维护广大农民的利益为首要目标，这既是从革命战争时期以来党成功的秘诀，也是目前农村工作的底层要求。在乡村振兴推动过程中，对每一个举措的正面和负面结果都要给村民掰开揉碎讲清楚，确保每一个村民都能明白各项政策和措施背后的意义，进而能够真心维护、支持每一项工作。同时，针对村民个人主义价值观比较强烈的特点，尊重村民个人选择，可以合理进行奖励、补偿，而不应当采取各种强制性、摊派性措施。

3. 提高基层党组织建设的经济基础

只有党组织经济理论扎实、举措得当，才能够领导村民进行村庄的经济发展，在村庄经济基础良好的情况下，进一步开展党组织建设和相关工作，以此完成可持续良性循环。

（1）根据当地资源禀赋，合理选择特色产业

作为村庄发展的主要引导力量，党组织应深度挖掘本地生态、环境、产业资源，引入适宜的技术、政策、经济资源，帮助村民发展当地的特色产业，并进行技术优化。例如，寻找当地特色农产品，进行优势经济作物种植，开发农副产品加工，形成完善的生产流水线。同时，开展第三产业，例如，通过建设农家乐、生态旅游、康养旅游等形式也能够很好地吸引消费者。除此之外，利用村庄闲置土地，可以进行工业园区、创客小镇、开发商品房的建设等。

（2）丰富村集体增收渠道

部分农村地区资源禀赋差，基础条件不好，难以发展。党组织要根据情况，深度挖掘本地增收渠道，开发自身资源。以闲置土地开发为例，可发展边角经济，将边角地如坑塘、林地、沟渠等的经济价值发掘出来。无人居住的闲置老屋也可收归集体，作为经营单位向外出租或者开展其他经营活动。大片土地可进行园区建设，以招商引资、"雏燕归巢"等形式开展乡镇企业、工厂，村集体既可以出租土地，也可以自己开办，还可以以资金入股，实现增收目的。

4. 加强服务型乡村基层党组织建设

（1）加强基层党员干部队伍建设

对于一个优秀的党组织而言，党员的层级决定了组织的层级，党员干部的能力和素质对党组织的执行能力有直接影响。当前，部分党员心态消极，做事形式化，难以达到为群众服务的最终目标。因此，加强队伍建设、提高党员素质就成为当前建设基层党组织的重中之重。加强基层党组织建设，既要注意党员选拔时的能力、心态等软硬件要求，也要在已经成型的党组织机构中加强政治学习，强化考核环节，增加政治培训。针对乡村服务的特殊性，对党员干部进行培训时，既要有党员服务内容的培训，如思想政治理论、国家政策、党性制度、组织管理技术，也应该有农业生产、农业技术、农民生活和相关产业、企业发展的相关内容。

（2）优化基层党员队伍的管理

不仅要形成本地党员干部管理制度，还要加强对本地流动党员的记录管理工作。前者主要是以制度制定、遵循为主，加强教育，定期审查，确定党员对基层工作制度的理解和掌握，并且结合党员兴趣点和当地产业发展需要开展课程和培训，要求党员带头参与村庄事务，将日常巡查、集体活动等加入日常管

理工作中。后者主要是信息收集整理，并定期联系，保证在外党员与党组织不失联，并在党员返乡时加强交流，说明村庄发展计划和具体工作事务，提升其与组织的凝聚力。

（3）构建服务平台，提升服务能力

要形成顺达的沟通渠道，要有规范的工作流程，要建设完善的服务平台，才能使村庄管理制度保证活力和有效性。一般做法是设置党群服务中心，结合村干部工作职责，加大党员工作力度，提供可靠的服务。同时，建立事务公开制度，让群众了解党员工作岗位职责，形成寻求党员帮助的习惯。

（二）村民自治

1. 完善村民自治体系

（1）建立健全村民自治制度

以村民为主导，制定组织办法和自治办法，明确自治组织的提出、成立、管理权限和权利义务等各项内容，并通过办法形成的过程，提升村民自治组织的自治能力和制度化程度。既要注意自治组织与党政组织的权限互补关系和沟通方式，对不同组织的权责进行划分，说明物质和文化精神领域的相关界限，并且做到权力和责任对等；也要注意对村民各个群体的全覆盖，保障弱势群体的利益。

（2）改进和完善村民运行机制

在村民自治过程中，政府应当作为主要监管者（而非村庄自治的领导者）发挥重要推进作用，要充分尊重和保证村民的自治权利，将基本事务分为需要协助完成、引导完成、给出建议等不同类别，与村委会进行不同形式的合作。从运行机制的组成部分来看，主要包括组成人员、机构构成和工作方式等部分。选出能够代表村民利益的村委会是头等大事，要保证当选者是民主选举的结果，也要保证其有威信、有能力、有热心、有素质。

（3）建立相应的保障机制

目前村民自治和党政组织之间的界限不明晰，造成很多任务难以推进的问题，或直接导致村民自治制度的失败。因此，村支部需要明确两者的职责范围，并据此制定合适的工作模式，减少工作上下交界，需要放权的必须严格放权，应当严格严谨对待的要当作底线遵守。一是涉及组织建设、关系协调和宏观战

略的内容仍然需要由党支部掌控，而其他村庄事务则应按照法律规范和村民自主公约，由自治机构进行管理。二是要制定相关的制度文件，双方应严格按照法律规范要求展开工作。三是提升村代会的权威性。当村委会和党组织按照规定进行村庄事务处理出现矛盾时，要分开进行讨论，并将双方讨论结果交由村代会处理，做出最后的决定，避免党组织在村民自治过程中单独决策。

2. 明确村民主体地位

（1）增强村民自治组织建设

增强村民自治组织建设包括健全组织形式、强化组织功能和确保组织工作延续性三个方面。其一，健全组织形式。根据其相互间的关系，可以适当强化或弱化其中某个组织。这种强化和弱化要从实际出发，并不是千篇一律的强制性规定，且必须坚决杜绝出现村委会一家独大，使得其他一切村民自治组织被取代的现象。其二，强化组织功能。这种强化需要结合当前实际的农村社会情况。最需要加强的是村民代表大会的功能，特别是其权力结构功能和监督功能。同时村委会也应当实现自身功能的逐步强化，这样才能逐渐从基层机关的控制和扶持下走出来。只有实现了表达独立，村委会才能切实代表村民的利益，才能成为真正发挥村民自治作用的组织。其三，确保组织工作的连续性。组织工作的延续性可使村民通过自治维护切身利益，因此，保证农民利益的工作不能间断，应当有明确的长远规划，通过规划明确自治组织的工作任务和长期部署。

（2）发展农村经济

发展农村经济，使农民通过自主管理达到经济提升的目的，能够进一步给村民信心，让他们有更多的意愿和余力参与到村庄自治事务中来。发展农村经济，不仅使得农民收入增加、生活水平提高，对于村庄管理者来说，可以有更多的资金投入到公共服务建设中去，包括基础设施建设和精神文化服务内容。如果自组织相关的运行费用因农村财政情况低迷而难以为继，村民会失去对组织的信心，进而失去自治意愿。

（3）增强宣传教育，提升村民的参与意识

村民是最终推动村庄自治发展的重要个体，其对自治管理的认同程度和支持力度决定了自治治理最终的成效。一般来看，村民缺乏对村庄事务的积极参与性，或因为村民对公共服务和基础设施有意见，或因为村民对村庄政治事务

的兴趣普遍不高。为了提高村民积极性，常用的方式有下乡宣讲，结合图画、动画、电影短片等形式，吸引村民兴趣，并促进其了解公共事务，最终愿意主动参与。

3. 建立并完善监管保障体系

一是完善当前保障机制。目前，选举纠纷现象极为常见，有的是选举程序存在漏洞，有的是选举人与被选举人之间关系不良。这两种情况对选举的进行都有极大的负面影响，必须从根源上解决问题。

二是增强村民的法律意识。由于村民的民主法治意识薄弱，在部分地区亲缘血缘的权威性甚至大于法律，因此难以推进村庄的法治化建设。不管是为了吸引村民参与到法治化进展过程，还是让村民学法、懂法、守法，都要积极主动对村民宣讲村委村代选举的重要性，强调村庄法治化建设的必要性。

三是加强引导监管活动，进行机制创新。监督委员会成员需要由民主选举产生，并且具有一定的独立性，才能够完成对村委的监督任务。通过设立村代会、村委会、监督委员会，将决策、执行和管理、监督监管责任分开，并由党组织协调三者关系，形成相互制约联系的自治整体。

（三）社会协同

在农村社会的快速发展下，农民生活也愈发丰富，产生了多元化的诉求，进而催生了多样化的农村社会组织，比如村妇女协会、村老人协会、巡防队、各类工作站等。农村的各类社会组织一般在村"两委"的领导下开展工作，同时有着很强的乡村内生性，可以帮助农民参与社会事务并有效解决与之相关的问题，有效填补以"两委"为核心的农村治理空白。加速推进社会组织建设，引导社会组织参与乡村基层治理，是实现向现代化政府转型和改善基层治理的重要途径。

二、乡村治理法治化

（一）提高乡镇法治综合服务能力

1. 建立健全矛盾调处联合机制

由地方党委、政府牵头，政法、纪检、组织、公检法司、民政、人社等职

能部门配合，形成解决矛盾纠纷的合力，综合施策，做好国家政策和法律法规的普及工作，及时处理村民不和等事件，合理结案。发挥村干部、新乡贤群体在矛盾调处方面的作用，把矛盾纠纷消灭在萌芽状态。对于恶意缠访闹访，影响基层正常生产生活秩序者，依照信访条例处理。

2. 加强乡镇干部队伍建设

加强乡镇干部配备，把政治素质过硬、熟悉农业农村工作、群众工作能力强、具有较好群众基础、基层经验丰富的乡镇干部配备到矛盾突出、历史遗留问题多的乡镇，妥善解决乡镇的矛盾和问题。

3. 完善乡村治安防控体系

依法严厉打击危害乡村社会稳定、破坏农业生产经营、侵害农民利益的违法活动。深入推进扫黑除恶专项斗争，依法严厉打击对农村生产建设造成严重影响并危害人民利益的黑恶势力。

（二）强化宣传教育

广泛开展以《中华人民共和国宪法》为核心，以乡村群众频繁运用的法律为重点的法治宣传教育。通过普及《中华人民共和国宪法》，使乡村群众重点了解公民的基本权利和义务等相关知识。通过普及《中华人民共和国民法典》《中华人民共和国刑法》《中华人民共和国道路交通安全法》《中华人民共和国未成年人保护法》等法律，使乡村群众了解与自身相关的法律常识，学会用法律办事。依法加强乡村宗教事务管理，坚决打击非法宗教活动和境外渗透活动。通过提供法律咨询服务、调解村民纠纷等方式，解决农村日常生活中的涉法纠纷，引导农民依法解决各种矛盾和纠纷，依法表达自己的利益诉求，既完成向村民普法的任务，又达到保证村民利益的目的。

（三）抓好"四个"民主

农村的民主化进程决定着农村现代化进程，要不断扩大农村基层民主，保障村民的民主选举、民主决策、民主管理和民主监督的权利，以人民自治的方式治理乡村，充分保证村民的自治权，尊重村民自我管理的意愿，调动其主观能动性，形成不断迭代发展的建设模式。要以尊重民意为原则，实施民主选举；要以民主议事为关键，实施民主决策；要以民主理财为重点，实施民主管理；

要以村务公开为基础，实施民主监督。

（四）健全农村社会组织相关政策法律

一方面，梳理已有法律法规，根据当前实际情况规定组织参与自治的权责划分、参与深度和内容，各方按照规定进行事务参与。另一方面，研究新的建设条例，对农村社会组织进行研究，细化法律法规相关条文，形成具有可操作性的细则手册，并对村民进行相关宣讲。此外，还应对各级涉农政策进行研究和落实。

三、乡村治理专业化

（一）通过自治增加活力

1. 健全组织体系

选择有文化、有能力、政治觉悟高的村党支部书记，配齐组织体系，充分发挥基层党组织领导基层治理的战斗堡垒作用。狠抓软弱涣散的村党组织和村干部队伍建设，及时调整不胜任、不合格、不尽职的村干部，大胆启用后备力量。选拔综合素质好、文化水平高、致富能力强的村民到村"两委"中，选好"领头雁"，重点从乡村致富带头人、复员退伍军人、回乡创业优秀青年和大学生村干部中选拔任用村党组织书记。加强村"两委"班子建设，注重村党支部书记、村委会主任的培训，大量培养服务型、技能型、群众认可的村干部。

2. 创新党建方式

针对村干部、农村党员和群众需求，以乡村党员和群众有所收获为目标，由区、市人社部门牵头组织专家下基层，开展有针对性和时效性的培训。针对乡村党员流动性强的实际情况，创新学习形式，推动工作创新，使党的理论入脑、入心。采用微信群、手机 App 等现代传播手段，推行书记课堂、微信课堂等学习方式，做实乡村理论学习和组织生活会。

3. 落实村民代表大会制度

发挥村党支部、村民委员会、村监会的作用，提高村民参政议政的意识，强化村民自治，引导农民依法参与村民自治和其他社会管理活动，提高农民参

与民主选举、民主决策、民主管理和民主监督的能力。

4. 健全乡村人才回流制度

把有情怀、有能力建设家乡的人才引入村庄，为返乡就业人员提供体制内晋升渠道，留住乡村人才。深化"大学生村官"招聘、教育、培养和发展管理体系建设，不断优化提升基层干部队伍结构，为年轻、具有一定学历的村干部打通晋升通道。推进村党支部书记跨村任职制度，稳步提高村干部薪酬保障水平，吸引优秀人才扎根农村。实施从优秀村干部中招录乡镇（街道）公务员、事业单位人员和选任乡镇（街道）领导干部等制度。

（二）通过德治改善乡风

1. 落实新时代文明实践中心

深入开展社会主义核心价值观教育，引导群众爱党爱国、向上向善、孝老爱亲、重义守信、勤俭持家，在乡村形成相信科学、抵制迷信、勤俭友爱的文明新风。抓实抓细移风易俗工作，培育与社会主义核心价值观相契合、与新农村建设相适应的优良家风、文明乡风和新乡贤文化，倡导喜事新办、丧事简办、厚养薄葬、积德行善、文明节俭的乡风，破除封建迷信和陈规陋习，发挥乡贤能人文化、红白理事会在乡村治理中的示范功能，遏制铺张浪费、炫富攀比、天价彩礼等不良风气。

2. 开展各类创建评选表彰活动

用身边人、身边事教育引导群众，提升乡村文明程度。推出一批群众喜闻乐见、具有地方特色的精品文艺作品，广泛开展乡村文化大院等鲜活的乡村文化活动，让广大群众乐于参与、便于参与，丰富群众的文化生活，建立科学健康的生活方式，让优秀传统文化和传统美德活起来、传下去，引导农村形成新风尚、新习俗。

（三）构建长效机制

扩大基层民主、推动基层治理专业化的根本目的是创造安定和谐的社会环境，保障社会主义新农村建设顺利推进。如果没有一套长效机制，就无法保证基层治理专业化建设持续、健康、深入推进。因此，在实际工作中要抓住组织领导体系、人才组织分工机制两个关键环节，努力探索农村基层治理

专业化建设的新途径。

1. 健全组织领导体系

乡村基层党组织是党在农村全部工作和战斗力的基础，是农村各种组织和各项工作的领导核心。因此，乡镇党委、政府要把农村的民主法治建设列入党委政府的重要议事日程和考核内容范围，确保乡村治理专业化建设工作的健康推进。

2. 有效完善人才组织分工机制

2018 年中央一号文件明确指出实施乡村振兴战略，必须破解人才瓶颈制约。从定义上看，乡村建设人才与传统意义上的"人才"有所区别，乡村建设人才并不一定指名牌大学生或有研究创新能力的科研人员，而是指能使乡村本地人学习进步、适应时代发展技术进步趋势和要求、适应时代产业发展特点运营需求的人。从结构上看，乡村振兴人才可大致分为三类，即农民及涉农企业人才、基层及农业部门人员和社会服务组织人员。

（1）农民及涉农企业人才

包括龙头企业带头人、乡村养殖或种植大户、乡村手工艺人，以及从事农业及乡村产业生产、加工、运输、营销等各种涉农产业的各类人才，他们是乡村建设的直接参与者与受益人。其中，具有广大基数的群体是中国的一线农民。中国现有农民无疑是乡村振兴中人才振兴的主体和基石。如何培育与提升现有农民的素质，让这些实际参与者成为乡村建设的人才，是破解人才瓶颈的关键。

（2）基层及农业部门人员

包括各村书记和村干部、乡镇政府人员、农业农村部门人员和各农业事业单位人员。他们是引导乡村建设的领头人，是农民的靠山，是资源的牵线人。基层及农业部门人员对当地农村建设的正确引导无疑可以让乡村建设效率事半功倍。如何充分发挥基层及农业部门人员的职权，有效搭建企业+政府合作的乡村建设模式，是乡村建设的关键。

（3）社会服务组织人员

包括各农业相关院校、乡村规划设计单位、涉农经济金融服务机构、乡村法务机构等。社会服务组织是乡村振兴的间接参与者，可发挥较大的作用，能够充分弥补农村发展短板，在农业技术、规划设计、金融支撑、法务援助等众

多方面助力乡村产业与乡村建设的科学、高效发展。

四、乡村治理智能化

2019 年 1 月，中共中央印发的《中国共产党农村基层组织工作条例》指出："党的农村基层组织应当加强对各类组织的统一领导，打造充满活力、和谐有序的善治乡村，形成共建共治共享的乡村治理新格局。要注重运用现代信息技术，提升乡村治理智能化水平。"①随着信息技术和智能化运用的推广，从中央到地方各级政府逐步树立了乡村治理智能化的理念。在乡村管理过程中，注重智能化发展，努力提高乡村居民对乡村治理智能化的参与积极性，有效提高乡村组织管理的效率。

（一）加强顶层设计

加强乡村管理智能化，要从思想理念和制度层面入手。首先，政府要不断强化乡村治理智能化的理念，充分认识到智能化在乡村组织管理的作用，加强乡村治理向智能化发展。其次，为实现乡村治理智能化，政府要加强顶层设计，因地制宜，统筹好各地区发展需要，依托政府管理能力，根据社会大众的需求建立完整的乡村治理智能化发展思路，动员社会力量参与智能化管理运用，建设智能化管理。最后，要确立多元主体，包括农民及各级各类社会组织共同参与乡村治理的模式，以助力实现乡村治理智能化。

（二）优化便民服务

村民是乡村治理智能化的关键一环，要积极参与到治理智能化建设之中。首先，村民要提高参与意识，主动参与智能化管理。在乡村治理智能化的过程中，需要提高社区居民积极参与的意识，为智能化建设提供重要保障。要让村民充分认识到，通过智能化平台参与乡村组织管理，自己的合法权益才能得到保障，利益诉求才能得到有序表达，"美丽乡村"建设才能成为现实。其次，村民要提升自身素质，提高参与智能化建设的能力。村民要通过学习不断提高自身的文化素质和政治素养，掌握运用互联网参

---

① 中共中央印发《中国共产党农村基层组织工作条例》［N］. 人民日报，2019-01-11（001）.

与乡村治理的技术，通过智能化运用，维护好乡村的利益与自身的利益，促进乡村的和谐和发展。最后，村民要加强自身的网络道德建设，规范网络参与行为。村民需要不断提升自身法律素养、道德意识、法治观念，严格将自身网络道德行为对标法律制度规则，努力规范网络言论和行为，杜绝在网络平台上做出极端的行为。

第四节　乡村党支部助推组织振兴的典型事例

一、后池村——劈山开路谋脱贫

（一）基本情况

后池村位于河北省邯郸市涉县关防乡，地处太行山东麓、晋冀豫三省交界处，距县城 51 公里，距乡政府驻地 16.2 公里，全村有 362 户共 1 165 人，有"双委"干部 8 名、党员 37 名，共有耕地 916 亩，退耕还林面积 293 亩。

后池村素有"地在半空中，路无半步平"之说。村子四面峡谷绝壁、山势陡峭，祖祖辈辈上山耕种，走的都是崎岖狭窄的山路，主要依靠毛驴驮运和人工背扛。由于村里的年轻人都外出打工，使桃花山上的百亩梯田荒废。村干部和老人们看着撂荒的梯田越来越多，打算修筑一条通往后山梯田的道路，立志尽早脱贫致富。然而，后池村地势险峻，石厚土薄，沟壑遍地，要拓宽山路就必须用碎石头垫路基，再用大石头垒石堰，这使得拓路的工程量加大。

2015 年 12 月，在没有任何资金支持的情况下，64 岁的刘士贵、67 岁的刘虎全和 69 岁的刘乃分三位党员带头义务修路。村民看到三位党员带头修路，便纷纷自发加入，自愿义务出工修路。修路队伍从最初的七八个人参加，到 2016 年农历正月已经发展为三百人的修路大军。为确保进度和安全，村"两委"干部作出了明确分工。村支书刘留根、村主任刘丙祥、村委委员刘现芳和村委委员刘拥军齐心协力，认真负责。67 岁的老党员刘虎全生病了，为了赶工期，只能利用晚上闲余时间回去输液。还有后池村一些不能上山修路的村民，他们有钱捐钱、有粮捐粮，尽可能地为家乡脱贫攻坚尽一份力。短短几年，一

个普普通通、名不见经传的深山老村，在基层党支部矢志不移和"新愚公"精神的激励下，实现了翻天覆地的变化。

交通之变：后池村的交通从原来崎岖的山路变为畅通无阻的公路。在基层党员的带领下，后池村及周围的村子都已通车，实现了农业机械化，彻底告别了全民当"驮夫"的时代，条条通畅坦途成为后池人的致富之路。

梯田之变：后池村将原来荒废的千亩梯田改造成良田。在基层党组织的带领下，后池村集体修复水毁梯田，清理复垦荒废梯田，积极打造"中国北方旱作梯田示范区"，并在梯田内栽植了桃、杏、核桃等经果林和中药材，建成了七彩梯田景观。

产业之变：后池村的党支部立足本村实际，探索出了"党支部+"的发展模式，与农民签署土地流转协议，将土地集中流转，种植了各类经果林，建设采摘园；在此基础上，后池村结合乡村旅游成立农宅合作社，打造"后池小院"精品民宿、农家乐等30多家，后池村村民人均收入大幅提升，实现了资源变资产、资金变股金、农民变股东。

村风之变：后池村从原来封闭落后的乡村小山沟变成了现代化的文明村镇。在村党支部的带领下，后池村实现了脱贫致富。农民群众的生活条件逐渐改善，对文化生活的需求也逐渐提高。后池村党支部积极带领群众开展文明村镇建设工作，举办丰富多彩的文化活动，开展各项文化竞赛，培育了独树一帜的邯郸后池"新愚公"精神学习教育基地，还建成了高规格、配套齐全的后池新愚公希望小学。2017年11月，后池村荣获"全国文明村镇"称号。全体村民讲美德、树新风，20多年来未出现一例信访问题。

后池村在优秀党支部的带领下，一步步地把一个贫穷落后小山村建设成为生态宜居、产业兴旺的新型农村。"一个家，一个梦，一起拼，一定赢"，这句话是镌刻在后池村永安阁上的口号，它培育出新时代后池村"新愚公"精神，不断激励着后池村的党员干部和群众艰苦奋斗，更成为推进乡村建设的精神财富。

（二）成功经验

在短短的几年里，后池村在基层党支部矢志不移和"新愚公"精神的激励下，从一个贫穷落后的深山老村发展成为现代化的村镇，走出了一条独具特色

的乡村振兴道路，为贫困山区乡村振兴探索出了一条可借鉴的路径。

1. 基层党组织全面领导乡村振兴

一个奋发向上、为人民谋幸福的基层党组织是带领基层贫困农民群众脱贫的战斗堡垒，是凝聚起全村人奋斗目标和精神动力的标杆。村子富不富，关键看支部。后池村之所以能走出贫困，实现脱贫致富，归因于他们有一个为人民谋幸福的党支部，有一群带领人民致富的好干部。十八大以来，后池村深入学习习近平新时代中国特色社会主义思想，认真贯彻落实各项指示精神，开启了新时代脱贫致富、改变贫穷面貌的新征程。村支部书记刘留根带领党员干部到模范乡镇考察学习，在学习之后召开"两委"干部大会，统筹规划，决定用三年时间做好后池村的振兴计划，以彻底改变后池村贫困落后的面貌。在后池村党支部的带领下，全村人民精神振奋，吹响"脱贫致富"新号角。

2. 发挥基层党组织的先锋模范作用

后池村最大的优势就在于有一支强有劲的党员队伍冲锋在前，他们敢于吃苦，勇于奉献，始终把为人民群众谋幸福作为他们工作的出发点。后池村群众在桃花山先锋岭上用彩叶树"植"出一面巨幅党旗，而后池村的党员干部心中也一直有一面鲜红的党旗，指引着他们不断探索，激励着他们艰苦奋斗。在新时代，后池村重视对中央大政方针的学习和宣传，这已成为后池村党支部和党员干部的优良传统。每天的"两委碰头会"和每周的党员学习会上，后池村党支部都会学习习近平新时代中国特色社会主义思想，学习中央最新"三农"政策，并适时通过大队喇叭用通俗易懂的话语传递给乡亲们。虽然后池村地处偏远，但对于党中央的新政策、新精神、新部署，党员干部和群众都能及时了解。后池村党支部坚持党的基本路线不动摇，根据党中央战略决策部署适时调整后池村的发展方向，把带领农民群众脱贫攻坚作为党组织工作的第一要务，不断激发后池村党员干部干事创业的热情。

3. 探索"党支部+"的发展模式

后池村的基层党组织立足本村实际，结合本村特色，确定了"发展沟域经济，大兴旅游产业"的发展思路。在发展特色产业、推动乡村振兴的过程中，党支部始终发挥主导和引领作用。在党支部的带领下，后池村先后探索出了"党支部+旅游开发公司""党支部+合作社"的模式。实施"党支部＋旅游开发公

司"模式，后池村将荒废梯田打造成了桃花山景区，建成 600 亩中药材园、600 亩采摘园，并且注册了"后牧牛池""刘留根""后池愚公"三个商标；实施"党支部+土地股份合作社"模式，与多户村民签订土地流转协议，将全村土地集中在一起统一流转，用来种植药材和各类经果林，变资源为资本。

（三）借鉴意义

后池村的华丽蜕变是基层党员和人民群众艰苦奋斗、敢于拼搏的结果，正是有了这样一支能带领人民群众干实事的党员队伍，后池村才会有现在山青水绿、生活祥和的画面。新形势下，我国农村地区正处于攻坚克难、社会转型的关键时期，学习和借鉴后池村的"新愚公"精神对于推进乡村振兴、全面建成小康社会意义重大。

1. 加强基层党组织对"三农"工作的全面领导

办好农村的事情关键在党，实现乡村振兴更须党建先行。基层党组织是实施乡村振兴战略的"主心骨"。在党支部的坚强堡垒作用下，后池村党员干部带领全村群众艰苦奋斗、脚踏实地、务实求真，在脱贫致富过程中拼出了以"事不避难、敢为人先、主动作为、艰苦奋斗"为核心的"新愚公"精神。实现新时代乡村振兴，必须增强村级党组织的政治领导力，着力发挥党能集中力量办大事的政治优势，把党的全面领导落实到乡村振兴战略的实施过程中，把党的主张变为基层党组织和干部群众的实际行动。后池村的实践证明：推动乡村振兴战略实施，关键在于基层党组织的全面领导，只有基层党组织发挥战斗堡垒作用，将广大农村群众凝聚到党组织中，乡村振兴战略才能顺利实施。

2. 加强基层党员干部队伍建设

乡村振兴离不开基层党组织的全面领导，更离不开基层党员的实干担当精神。后池村之所以能从万千山村中脱颖而出，依靠的就是党员干部带领群众事不避难、敢为人先、主动作为、艰苦奋斗的"新愚公"精神。正是在这种"新愚公"精神的感召下，后池村全村村民才会团结一致地凝聚在党组织周围，齐心协力地跟着党组织走。后池村的党员们在带领村民进行攻坚克难时始终冲锋在前，切实充当好人民群众的战斗堡垒，他们谋大局、促改革，精干务实，敢于为民造福，身体力行，树立起了党员干部的引领力、实干力、影响力。乡村

振兴战略的推进就需要这样为民干实事的党员队伍，这样才能以组织振兴推动乡村振兴，促进农村社会的和谐发展。

3. 基层党组织要立足实际

实施乡村振兴战略，要从本村的实际出发，选择一条适合本村的发展路径。各个地区情况千差万别，能否实现振兴关键在于基层党组织是否实事求是，是否把握了自身发展的规律和路径。基层党组织是农村一切工作的领导核心，基层党组织对基本路线和方向的把握关系到乡村振兴战略的成败。后池村党支部能够辩证地看待优势和劣势，始终坚持为农民服务的正确方向，认识到做好大山文章是激活产业的有效途径，坚持不懈地修通了通往山坡梯田的道路，将荒废的梯田变成了可利用的资源，将原本无价值的资源变成了有效益的资产。

二、礼泉袁家村——焕发新活力

（一）基本情况

袁家村位于陕西关中平原腹地，坐落在陕西省咸阳市礼泉县烟霞镇北面举世闻名的唐太宗李世民昭陵所在九嵕山下，周边有着丰富的历史文化资源。袁家村地处渭北，干旱贫瘠，历史上是个"点灯没油、耕地没牛、干活选不出头"的"烂杆村"。20 世纪 70 年代初，在村支部书记郭裕禄的带领下，村民自力更生，寻找水源，改良土地，摘掉了贫困帽子。20 世纪 80 年代，袁家村紧抓改革开放机遇，创办了许多村办企业，一度发展成为享誉关中的"富裕村""小康村"。20 世纪 90 年代后期，随着国家产业政策调整，村办企业陆续破产倒闭。2000 年以后，袁家村逐步沦为"空心村"，青壮年劳动力流失严重，村里只剩老弱病残，村庄一片颓废的景象。

2007 年，袁家村选举郭占武担任村支部书记，自郭占武担任书记以来，兢兢业业，全心全意投入到袁家村的事业当中，将带领袁家村的乡亲父老脱贫致富作为自己的理想信念。郭占武始终秉承为人民群众服务的信念。他认为，新时代基层干部必须坚持以人民群众为中心的工作理念，把带领人民群众脱贫攻坚作为自己一切工作的出发点，只有这样才不会被群众和时代淘汰。郭占武在担任袁家村村党支部书记以前是一个返乡的成功商人，他富有远见，敢于

创新，善于从村民日常生活中找寻发展路径，从乡村传统习俗中挖掘发展资源，提出了打造关中民俗文化体验地的新思路。郭占武把乡村旅游作为袁家村发展的突破口，带领群众全面向服务业转型。他设计的三步走发展思路，分步建设，已取得重大成果。同时，在村党支部、村委会的领导下，组织搭建了农民创业平台，成立了农民学校，建立了农副产品合作社，为每一个村民提供了平等参与乡村经营的机会，充分激发了村民的积极性。村委还制定了乡规民约，要求每家商户诚信经营，保持淳朴的乡风民情，进一步保障了袁家村的可持续发展。

在郭占武的带领下，袁家村十年磨一剑，走出了一条独具特色的"从吃到住、从住到产"的乡村振兴之路。袁家村在两代村书记的带领下，经历了"从农到工，从工到游"的转型，实现了从"烂杆村"到"标杆村"的蜕变。袁家村的发展历程经历了三次转型，在每一次转型中袁家村都能抓住机遇，大胆创新，与时俱进。袁家村之所以能够攻坚克难、实现转型，关键在于有一支艰苦奋斗、勇于创新的党员队伍。袁家村党员干部脚踏实地、敦本务实、勤勤恳恳的作风是袁家村乡村振兴事业取得成功的最大法宝。

（二）成功经验

1. 以农民群众为主体

郭占武带领党支部二次创业，重新振兴袁家村。他向全村村民郑重承诺，要千方百计谋发展，带领乡亲们奔小康，并要求所有党员干部身体力行、以身作则，用脱贫致富的成果获取群众的信任。多年来，党支部始终是全村的核心，时刻发挥着战斗堡垒作用。袁家村党支部把为群众办事、为群众谋利作为一切工作的出发点和落脚点，从办农家乐、小吃街到建作坊、搞合作社，从招商引资到进城出省，都是支部先拿主意，然后交由群众讨论，征求意见到户，思想工作落实到人。袁家村正是有这样一支坚强有力的党支部和一个一心为民的支部书记，才保证了能把党和政府的各项惠农政策落到实处。袁家村的成功是村干部带领村民共同致富的典型，也充分说明了一个好的带头人对乡村发展的重要性。

2."三驾马车"并驾齐驱

袁家村从发展乡村旅游开始就让村级三大组织各归其位，袁家村党总支夯

实领导、引导和监督职能，村委会回归社会管理、服务职能，集体经济组织回归集体资产经营管理职能，党总支、村委会、集体经济组织人员的选任、职责、考评、薪酬等全部实行分离管理。党总支书记不得兼任经济组织领导成员，从而促使党总支更好地发挥对居委会和集体经济组织的领导和监督作用；村委会成员与集体经济组织成员不得交叉任职，也不得参与与集体经营相关的活动。除此之外，袁家村推行资产、账务、核算三者分离的制度，单独设立行政账簿和经济账簿，具体做法就是将非经营性资产确权登记在自治组织名下，将经营性资产确权登记在集体经济组织名下。虽然三委分离、各司其职，但发挥党总支的引领作用没有变，为人民服务的心没有分离。

3. 深入探索"党建+"模式

"党建+"的经济发展模式是袁家村取得成功的核心灵魂。"党支部+合作社+乡村旅游"的袁家村扶贫模式，通过给贫困户提供"四个优先"政策（优先参与手工作坊产业入股，享受红利分成；优先提供导游、清洁员、保安员、服务员岗位，帮贫困户获得工资；优先支持发展经营农家餐馆、旅馆，取得稳定收入；优先安排到景区内及周边摊位销售自产农产品和手工产品），不断促进村民增收。目前，全村已吸纳贫困人口就业 193 人，月工资在 1 500 元左右，为老弱病残贫困户提供摊点 108 个，年人均收入在万元以上。村上还计划在西安、咸阳分店再设 100 个商铺、作坊，吸纳 200 户贫困户入股，实现 200 户贫困户持续稳定脱贫。

4. 村委会监督+道德约束

"村委会监督+道德约束"的经营模式是袁家村小吃街运营的又一亮点。袁家村小吃街是当地旅游业经营的重要内容。袁家村紧抓发展要点，在小吃街的食品安全上狠下功夫。小吃街的店主们在店门口用最原始的方式——发毒誓，承诺吃的原料绝不掺假，发重誓保证食品安全。另外，在袁家村经营的商户必须使用各作坊合作社生产的面粉、油、醋等农副产品，由村委会进行监督，既保证了合作社的销量，又使广大游客可以品尝到原生态、无任何添加剂的食材。每一道小吃，村民都按照传统工艺制作，没有添加剂，所有原料统一由村里的作坊供应，不得私自外采，一旦发现，取消经营资格。久而久之，村民都把食品安全当成坚守的底线，自律互律蔚然成风。面对来自各种形式的小吃街的激烈竞争，袁家村的核心竞争力就是用乡情和小吃留住"关中味道"，用匠心和

诚信保障食品安全。这种民间自发的道德约束机制成为捍卫袁家村食品安全的有力保障，是促进袁家村旅游发展的生命线。

（三）借鉴意义

袁家村的乡村振兴实践是在村党支部和村委会的领导下，在全体村民的参与下，为实现共同富裕勇于拼搏的一个成功案例。袁家村的探索和实践对于推进乡村振兴战略的实施具有重要的借鉴意义。

1. 建立一支强有力的党员队伍

办好农村的事，关键在党。"三农"问题是关系国计民生的根本性问题，是全面建成小康社会的重点和难点。农村基层党组织是党在农村各项工作的战斗堡垒，要充分发挥基层党组织的政治引领作用，牢牢把握农村基层党组织的领导核心和政治核心地位。发挥基层党组织的战斗堡垒作用就是要提升基层组织的工作能力和政治能力，全心全意为人民服务，把实现好、维护好人民群众的利益作为自己的工作目标，加强与人民群众的联系，把人民群众聚集到党组织的周围，让人民群众自觉主动跟党走。

2. 创新乡村治理体系

创新乡村治理体系是新常态下乡村治理的应有之义，在新形势下，乡村治理应该有新定位、新要求和新机遇。推进乡村治理，培养一支坚强有力的干部队伍是基础，要充分发挥基层党员干部的先锋模范作用和村集体、农民的主体作用，努力搭建新乡贤与乡村社会结构有机融合的平台，构建兼具乡土性与现代性的乡村治理模式。创新乡村治理体系，要将自治、法治、德治有机融合到组织振兴工作中去，通盘设计、统筹兼顾，充分发挥基层党组织的战斗堡垒作用、自治组织的主体作用、群团组织和社会组织的协同作用以及村规民约的约束作用，最大限度地增加和谐因素、激发社会活力，形成有效的社会治理环境和良好的社会秩序。

3. 注重精神文明建设

加强乡村精神文明建设是乡村振兴的重要内容，是全面建成小康社会的必然要求。推进农村精神文明建设，要加强思想道德建设，深化文明创建活动，把社会主义核心价值观作为乡村群众行为规范的标杆，将乡村优良的传统道德观念融入乡村治理中，充分发挥乡规民约的道德约束作用，培育文明乡风，

培养新型农民。深化农村精神文明建设，需要充分发挥社会主义核心价值观的引领作用，引导农民崇德向善，通过先进典型的示范作用和好家风、好家训、好家教的熏陶作用，着力培育农村文明新风尚，为决胜脱贫攻坚、实现全面小康提供强大的精神支撑和不竭的力量源泉，以精神的力量打通乡村振兴之路。

第五章
基于乡村振兴的生态振兴研究

本章为基于乡村振兴的生态振兴研究，分为四部分内容，依次是乡村生态振兴的问题与原因、乡村生态振兴的机遇与挑战、基于乡村振兴的生态振兴路径、美丽乡村助推生态振兴的典型事例。

第一节　乡村生态振兴的问题与原因

一、乡村生态振兴存在的问题

乡村振兴战略背景下，加快推进农业农村现代化对农村生态文明建设提出了更高的要求，农村生态文明建设要实现农村美、农业强、农民富这一目标。而当前我国农村生态环境破坏问题凸显、基础设施建设较为滞后、生态文化不够重视、生态治理存在弊病、绿色发展方式较为落后，这些问题都制约着我国农村生态文明建设更上一层楼的进程。

（一）农村生态环境破坏问题突出

生态环境没有替代品，生态环境是人们赖以生存的基础，具有公共产品属性。农村生态环境如果不好，乡村振兴就无从谈起。全面建成小康社会以后，"十四五"时期，相信农村居民对美好生活需要也会更加迫切，美好的生活需要以良好的生态环境为基础。从生态学角度来讲，农村生态环境保护包括耕地、水域、草原和森林四大生产性资源系统的保护；而从乡村振兴的角度来讲，农村生态环境重点是指农村自然环境、农业生产环境和农民居住环境。

农村生态环境治理一直是农村生态文明建设的重点，也是难点和短板所

在，主要表现在工业污染、农业污染以及生活污染对农村生态环境破坏大、难治理这一方面。

一是工业污染对农村生态环境的破坏。工业污染主要来自乡镇企业污水、污气以及一些固体废弃物的直接排放，这些企业通常技术含量较低、资金不足，为了节约成本而只对对生产过程中产生的污染物进行简单处理或不做处理。而这些工业污染物的直接排放通常对农村生态环境造成严重破坏，如流入水域会造成水污染，排入空气会严重影响周围的空气质量，流入土壤则会破坏土壤肥力，影响农作物生长。因此在农村生态文明建设中如何处理好乡镇企业的发展和治理也是一个难题。

二是农业污染对农村生态环境的破坏。农业污染主要来自农民在农业生产中对化肥农药的不当使用造成土壤和水源的污染，以及对农用塑料薄膜处理不当造成的白色污染。尽管近年来我国农业化肥施用总量有所减少，但施用强度仍然较高，根据《2020 中国统计年鉴》可知，在 2019 年我国化肥施用量为 325.7 公斤/公顷，远高于发达国家所设置的安全上限值 225 公斤/公顷，容易造成对水体的污染。在农业种植中，普遍存在农药使用不够科学的问题，主要是农药使用方式不规范、不精准，导致生产的农产品存在农药残留超标的现象。另外，在农药使用完后包装物没有回收，农药包装散落在田间地头的现象也普遍存在。

三是生活污染对农村生态环境破坏。生活污染主要来自农村生活污水、生活垃圾以及畜禽养殖废弃物。农村生活污水和生活垃圾一直是农村生态文明建设的重难点，也是影响人居环境的关键所在，尽管《农村人居环境整治三年行动方案》实施之后这些问题有所改善，但治理的力度仍然不够，农村生活污水处理设施建设普及度不高，很多农村地区仍然是生活污水乱排、垃圾乱丢。另外，农村畜禽养殖也比较多，但养殖废弃物利用途径较为单一，致使大多养殖废弃物被堆积在田头，容易对周围环境造成污染。

（二）农村基础设施建设落后

农村基础设施建设是农村生态文明建设的基础实质性工程，这种基础性体现在其建设的好坏直接关乎农民生活质量改善水平，是支撑起农业强、农村美、农民富的发展现实需求。当前，我国农村基础设施建设比较滞后，这种滞后的基础设施建设难以缓解农村生态文明建设问题凸显与生态治理有效之间的矛盾。

我国农村基础设施建设较为薄弱已经成为阻碍农村生态振兴的重要因素，主要表现在生活服务性基础设施和农业生产基础设施建设不足这一方面。生活服务性设施建设包括清洁能源供应、垃圾处理、生活污水处理设施。可以说生活服务性设施建设与村民的生活息息相关，不仅影响着村民的生活质量，也影响着整个农村人居环境的建设。清洁能源供应在农村不够普及。清洁能源供应设施建设能从源头上减少对空气的污染，现阶段我国农村部分地区使用煤气的农户仍较多，有些农村地区甚至仍存在用燃烧木材的方式煮饭的情况。在我国部分农村地区缺少垃圾处理和生活污水处理设施，没有修建垃圾处理场和垃圾投放点，村民产生的生活垃圾大多就近丢在自家门口空地上，生活污水处理也是直接排放到家门口外，容易对周围的土壤以及地下水资源造成污染。

农业生产基础设施可以推进农业生产绿色发展，我国农村农业生产基础设施建设不完善主要体现在节水灌溉设施覆盖较低、农业生产机械化程度不高这两个方面。首先，节水灌溉设施建设覆盖面不足。灌溉设施关系到农产品的产量和质量，但在大部分农村地区对农作物浇水仍采用大水漫灌的方式，不仅效率低，还容易造成水资源浪费，较为节水的滴灌、喷灌等方式还不够普及。其次，农业机械化程度较低。在农村大部分农户只有在播种和收割的时候才使用机器，更多的时候仍使用人力劳动，这样的农业种植方式既降低了生产效率，也很容易造成资源的浪费。

（三）农村生态文化建设落后

生态文化对生态文明建设具有导引作用，为有效解决生态问题提供了思想上的指导。而当前我国农村生态文化发展滞后，不仅影响了农村生态文明建设，也不利于农村经济的可持续发展。对于生态文化的理解最早将这一概念引入国内的余谋昌认为："广义的生态文化可以理解为生态化的生产方式和生活方式。狭义的生态文化是以生态价值观为指导的社会意识形态、人类精神和社会制度。"[①] 可见生态文化无论是从广义还是狭义的角度出发都可以理解为，人们在生活实践和生产实践中为保持生物良性生存状态所遗留下的痕迹，以建立人与

---

① 余谋昌. 环境哲学的使命：为生态文化提供哲学基础［J］. 深圳大学学报（人文社会科学版），2007（03）：116-122.

自然之间的互惠发展。农村生态文化建设是以农村地区为对象，在绿色永续发展理念下，进行的生态文明主流价值观、生态文化产业建设和生态文化事业的建设，既包括精神层面的建设，也包括物质和制度层面的建设。

农村生态文化是乡村生态振兴的根，可以为乡村振兴提供丰富的思想资源和内在动力。农村生态文化的缺失不利于培养村民良好的生态行为，也不利于农村经济的发展，这在一定程度上会阻碍农村生态文明建设的进程。农村生态文化发展滞后主要表现在如下方面。

一是农民生态文化素养不高。首先，大部分农民缺乏生态科学知识以及绿色发展理念，就可能导致村民在生活中的某种习惯行为对环境造成破坏，而村民自己往往却没有意识到。其次，部分农民缺乏生态责任感，往往只注重农作物的丰收，不考虑对周围环境产生的污染，更有甚者通过砍伐林木来谋取利益。最后，部分农民缺乏生态法律意识。对环境保护法基本不了解，对发生在身边的有关违反环境保护法的行为也无法辨识。

二是农村生态文化培育机制还不健全。首先，宣传教育不到位，一些农村地区对生态教育不重视，很少宣传，甚至不宣传，导致当地村民缺乏生态环境保护意识。其次，农村生态文化管理机构数量较少，设备落后，管理人员和技术人员不多，导致指导生态文化工作较为缓慢。最后，生态文化培育缺乏有效的教育管理制度，开展的生态教育比较盲目和随意，在教育培训过程中没有设定明确的教育目标，导致效果不佳。另外，农民主动参加培训的热情也不高。

三是农村生态文化法律法规尚不完善。农村地区生态文化建设中缺乏有效的管理和监督体制。同时，农村生态保护的基础性法律数量上还比较有限，未形成完善的体系，对农村生态环境保护未能发挥出最大效果。

（四）农村生态治理存在弊端

农村生态治理是农村生态文明建设的一个重要社会问题，农村生态治理的好坏直接关系到农村经济能否可持续健康发展，关系到农民生活环境的质量能否有效提高。于法稳教授等人认为农村生态治理是对生活、生态与生产过程中引起的环境问题的治理，是一项系统性工程①。文丰安教授认为农村生态治理

---

① 于法稳，杨果. 农村生态文明建设的重点领域与路径［J］. 重庆社会科学，2017（12）：5-12+2.

是通过多元参与，构建良性互动的治理方式来改善农村生态环境，并提出推进农村生态治理现代化以达到农村生态目标以及保障村民的各项权益的实现[①]。新发展阶段，推进农村生态治理现代化是实现良好生态环境与经济共同发展的现实需要。

当前，我国农村生态治理中还存在一些弊病，制约着生态治理现代化的发展，在农村生态治理的参与主体、价值理念、治理制度、治理技术等方面还面临着一些困境。农村生态治理主体困境表现在以下几个方面。

一是多元治理主体未形成共治合力。政府、企业、社会公众治理主体权责不明、协同治理制度不完善，使治理主体未形成共治合力。首先是治理主体素质困境。治理主体生态意识不强、治理能力不足，就会影响制度的执行力和治理成效。其次是生态治理价值观念的困境。无论是政府还是企业或是农民，他们的生态价值观点比较滞后，往往更加重视经济的发展，而忽略生态环境保护的重要性。最后是生态治理制度的困境。农村生态治理的部分制度仍不够完善，且在实际中执行难度较大，也存在号召性规范多、法律责任规范少的状况。

二是以乡规民约为存在形式的非正式制度有些不利于农村生态文明治理，也一定程度上影响着相关法律法规的完善和执行。生态治理技术存在困境。生态治理的高效离不开科学技术的支持，当前农村生态治理中科学技术应用不够深入和广泛，还有一些技术在推广的时候违反实事求是原则，未能考虑当地的地理地貌，未做到因地适用。

（五）农村绿色发展方式落后

农村绿色发展方式滞后主要表现在生产方式和生活方式上。农村绿色发展方式滞后不仅会影响农村生态文明建设的进程，也会降低农民的生产收入水平。因此，无论是从农村生态文明建设的角度还是从农业经济高质量发展的角度来看，推动农村发展方式向绿色转型都十分必要，有利于农村经济和生态的高质量发展。

从生产方式来看，农业绿色生产方式发展比较滞后。其主要表现在如下方面。

---

① 文丰安. 农村生态治理现代化：重要性、治理经验及新时代发展途径［J］. 理论学刊, 2020（03）：67-75.

一是农业生产中的化肥、农药使用标准不规范。大部分农民在种植过程中为了增加粮食的产量，大量使用化肥、农药以及无法降解的农膜，这确实在一定程度上提高了农产品的产量，但也造成土壤以及水源的污染，同时也影响农产品的质量，不符合农业绿色发展的要求。

二是农业生产机械化水平不高。农业生产机械化水平不高很容易造成资源的浪费，会消耗大量的人力以及物力，比如在农业生产中，灌溉机械化水平不高，很多农民采用大水漫灌的方式，既消耗了大量人力，也造成了水资源的浪费。

三是农业生产绿色技术普及不高。要想实现农村经济与生态的高质量发展，肯定离不开科学技术的应用，在农业生产中发展绿色农业技术既可以节约资源、减少污染，也可以提高农产品的质量和产量。但当前我国农村在生态养殖技术、绿色种植技术等方面普及度都不高，一定程度上不利于农业绿色高质量发展。

从生活方式来看，村民绿色低碳的生活方式还未形成。大部分农民由于文化水平有限，缺少绿色发展的理念，在生活方式上难免会不注重环境的保护，随手丢垃圾、生活污水乱排放的现象仍然比较普遍。

二、乡村生态振兴存在问题的原因

乡村生态振兴问题产生的原因具有多个方面，既有自身因素，也有外部影响，但主要原因可以总结为三个方面：农民生态环保意识比较薄弱，农村生态文明建设资金、技术受限，农村生态文明建设的法制、机制尚不完善。

（一）农民生态保护意识不强

生产生活中对环境造成破坏的行为时有发生，究其原因，最主要的还是思想上缺乏生态保护意识，未能意识到生态环境对农村经济可持续健康发展的重要性，也未能意识到自己的潜意识行为会对生态环境造成破坏，在认知层面、伦理层面、价值层面都缺乏相应的生态保护意识。而造成农民生态意识淡薄的原因也具有多个方面。

一是对自然生态认知不足。可以看出村民整体文化程度还比较偏低，受教育水平的限制，绝大多数村民对生态文明认知程度不足，这也会导致他们对国家颁

布的相关政策不理解、不配合、不作为，造成乡村生态振兴的主体力量缺失。

二是受小农思想束缚。大国小农是我国的基本农情，小农经济也贯穿始终，由此形成的小农思想也很难改变，很多农民仍认为经济至上，只考虑农产品的产量，不考虑对环境的保护，在行为上缺乏自律，随心所欲。

三是受城乡二元结构影响。农村经济发展远远落后于城市，各种资源也优先于城市建设，导致农民无论是经济收入还是思想发展都比较落后。

四是生态文明教育方式单一。农民生态意识不会凭空产生，需要通过生态文明教育来促成，而当前针对农民生态文明教育无论从宣传方式还是宣传内容上都比较单一，很难调动村民学习的积极性。

（二）资金、技术有限

资金、技术的受限是影响我国乡村生态振兴的主要原因之一，乡村振兴涉及的面比较广，所需资金也比较多，无论是农村各类基础设施的建设、农村生态环境治理，还是农业的绿色发展，都需要资金和相应技术的支持。而当前，由于资金、技术的受限，乡村生态振兴中有些工作难以有效开展，影响着农村经济和生态的高质量发展。

一是乡村生态振兴资金受限。首先，政府资金投入有限。尽管近年来相关部门对农村生态环境建设加大了资金支持，但由于农村污染相对分散，治理难，对资金消耗也比较大，特别是农村各类基础设施的建设周期长，覆盖面广，政府有限的资金投入很难满足现实中对资金的需求。其次，社会资本投入少，企业对乡村生态振兴积极性不高。很多企业不愿意在农村投资，或者投资很少。大多企业进行投资都是以营利为目的，在农村进行投资往往在基础设施建设方面需要消耗大量资金，这种投资往往收益比较小，自然无法激发起更多的企业在农村投资的热情。

二是乡村生态振兴科技投入不足。科学技术在乡村生态振兴中扮演着重要的角色，环境污染治理需要科学技术，通过科学技术可以将生产生活污染物进行无害化处理。农业绿色发展同样也离不开科学技术，科学技术在农业中的应用不仅可以提高资源的利用率，减少农业生产中对环境的污染，更可以提高农产品的质量和产量。而当前，农业科学技术水平有限、农业技术普及度不高、农村科技人才欠缺的问题都影响着农村生态文明的建设。

（三）法制、机制尚不完善

不断完善生态文明建设的法制、机制能够为改善生态环境工作有序开展提供法律保障，是实现乡村生态振兴的重要环节。而当前我国农村生态文明建设的法治机制还不完善，内容还不够全面，导致在农村生态环境治理中某些方面还处于无法可依的状态，影响着我国农村的生态文明建设。以《中华人民共和国环境保护法》为主的基本法，虽然很多内容涉及农村生态环境保护，但主要是一些原则性的规定，缺少直接针对性的内容，很难满足当下农村生态环境治理的现实需要。

一是农村生态环境保护法律规范制度不完善。农业生态环境领域还存在诸多立法空白，如在化肥农药的污染防治、农产品安全、农田灌溉等方面立法还比较薄弱。针对农村环境保护方面也还缺乏一部专门的、系统的法律，《中华人民共和国环境保护法》和《中华人民共和国农业法》这些法律并非针对农村环境保护的，在某些条款上也只是一些原则性规定，在实际中可操作性不强。

二是农村环境法规体系执行不足。农村环境执法中遵循的法律依据不明确，执法机构对自己的职责权限不清晰，执法的相关规定不够明确，在执法的过程中往往个人主观性比较强。农村环境执法程序还不完善，执法人员往往不按程序办事，以权越法的现象容易发生，很难实现执法公平。农村环境执法机构建设不到位的现象也比较普遍，人员配备比较紧缺。

三是农村环境法治监督体系不严密。环境监管中政府法律责任立法不完善，农村环境法律制度监管主要是对企业和公民的监管，缺少对政府行为监管的法规，个别政府太看重当地经济增长，往往对造成环境污染的企业放任不管，影响农村生态文明建设。农村环境信息不够公开透明，公民的环境参与权与监督权往往得不到保障。

第二节　乡村生态振兴的机遇与挑战

一、乡村生态振兴的机遇

乡村振兴实施为农村生态文明建设提供了发展机遇。乡村振兴作为一项系

统性的工程，涉及的内容也是多方面的，不仅包含乡村产业、文化、人才、组织的振兴，也包括乡村生态的振兴。乡村振兴的全面推进有利于引起社会各界对农村生态文明建设的关注与重视，也为农村生态文明建设提供了有力的政策、资金及技术上的支持。

（一）社会对生态文明建设的关注与重视

农村生态问题是制约农村发展的重要因素，农村生态环境治理较差、农民生态意识薄弱、农业资源利用粗放等问题影响着我国农村经济的高质量发展。而乡村振兴战略的提出，其多维度的发展为解决我国农村生态问题提供多层次、多领域、多方位的支持，保障了农村生态文明建设的顺利开展。一方面，乡村振兴战略的实施让社会各界对农村生态问题更加关注和重视。过去很长一段时间，农村发展只注重经济的增长、农产品的增收，而忽视了对农村生态环境的保护，导致农村生态环境恶化、农业资源利用粗放，农民收入水平也很难提高。随着乡村振兴战略的提出，农村生态问题越来越被重视，社会各界都积极参与到农村生态文明建设中，出政策提建议，更多的社会资源投入到农村生态文明建设上，人们的生态观念普遍增强，美丽乡村、绿色乡村建设也深入人心。另一方面，乡村振兴的实践过程也是实现生态效益、经济效益和社会效益有机统一的过程。农村生态文明建设是乡村振兴题中的应有之义，乡村振兴的实践进程无法绕开生态文明建设，二者是紧密融合的，通过乡村振兴把生态建设融入到农村经济、政治、文化、社会建设中去，实现生态效益、经济效益和社会效益的有机统一。

（二）不断加大的政策、资金和技术支持

乡村振兴战略的实施推动了农村经济的发展，为生态文明建设提供了政策、资金和技术支持。主要表现在以下几个方面。

一是政策、资金支持改善了农村基础设施建设。农村基础设施建设滞后是影响农村经济发展和农民生活水平提高的重要因素，随着乡村振兴战略的实施，农村生态文明建设在政策上和资金上有了更多的支持，使农村基础设施建设得到了改善，特别是一些环保设施的建设，既方便了农民的生产生活，也有利于农村生态环境的改善，如农村厕所革命的推进、农村危房改造、农村供水

工程等。

二是政策、资金支持推动了农村生态产业的发展。乡村振兴的推进带动了农村一批产业的发展，其中也包括农村生态产业的发展，特别是农村旅游业的发展，依托当地独特的农业资源和生态环境发展农村观光旅游，让人们既可以体验到田园风光、民风民俗，又可以品尝到当地绿色安全的农产品，让农村良好的生态优势变成发展的宝贵资本。

三是技术支持为农业发展带来先进的科学技术。乡村振兴推动了农业生产方式变革，一些先进科学技术在农业中的应用使农业资源利用率得到提高、农产品提质提产、乡村环境得到改善，如升级农机装备、培育良种技术、研发节水灌溉技术等，推动了农业的高质量发展。

农村基础设施的改善、农村生态产业的发展、农业技术的应用为农村生态文明建设提供了物质基础。

（三）生态环境保护发展的需要

1. 构建人类命运共同体的需要

人类和生态环境是有机的整体，"人"和"山水林田湖"是一个有机整体，是一个由人类和其他生命体、非生命体以及其所在的环境所共同构成的"命运共同体"。全球生态环境危机是人类命运共同体面临的首要挑战。树立和践行"绿水青山就是金山银山"的理念，坚持节约资源和保护环境的基本国策，像对待生命一样对待生态环境已在中国人民心中形成了共识。而生存环境问题是人类命运共同体建设的基本问题，解决好生态环境问题才能稳固人类命运共同体的基础。中国乡村占据绝大部分生态功能区，夯实环境基础，改善农村人居条件，是乡村振兴的基础。

2. 面临最好的政策机遇期

从世界各国发展经验来看，乡村衰退是城市化和现代化发展的普遍现象，是全球共同面临的挑战。中国乡村振兴战略的提出，旨在实现"村镇化"和"城镇化"的双轮驱动，走出一条符合中国国情的乡村绿色发展之路。近年来，中国国家层面已经对"三农"问题相关思路、理念及其制度政策做出调整，如中共中央提出发展田园综合体的建设思路，意在打造一个包含农、林、牧、渔、加工、制造、餐饮、酒店、仓储、保鲜、金融、工商、旅游及房地产等各行业

的三种产业融合的城乡复合体；党的十九大报告指出，保持乡村土地承包关系稳定并长久不变，第二轮土地承包到期后再延长三十年；原国土资源部、国家发展和改革委员会下达了专门服务农村产业融合的用地政策，在不占用永久基本农田、不破坏生态环境和人文风貌的前提下，加大农村基础设施和公共服务用地的政策倾斜。除此之外，中国各地方近期均有较为密集的政策出台。目前，针对乡村振兴战略的体制机制、制度建设与政策保障、目标模式、基本框架等关键问题，在理论基础、运行机制、影响机理、制度创新以及政策建议等方面的研究如火如荼。

二、乡村生态环境保护面临的挑战

（一）保护措施制定问题

乡村聚落转型和空间重构的研究是近年来研究乡村聚落问题的趋势。如何因地制宜地构建特殊景观乡村的差异化旅游发展模式，打造和谐的乡村人居环境，制定适宜的聚落景观保护措施，是目前实施乡村振兴战略的热点话题之一。乡村景观极为丰富，水乡、平原、渔家小村、黄土高坡、草原牧场、盆地沙漠等自然景观众多，这是大自然赋予的瑰宝。同时在中国各地还分布有许多当地人智慧和自然力量共同作用形成的具有保护和研究价值的乡村景观，如岭南开平碉楼村落景观、内蒙古草原游牧部落景观等。因此，在制定乡村景观保护措施时，要尊重自然规律，遵循生态学原理，强化资源有限开发利用的意识。保护和开发计划要建立在充分细致的资料调查与数据分析之上，利用民族生态学研究方法，注重当地人对生态环境的理解和认知，科学合理地进行乡村景观布局，实行环境敏感区域和受损生态系统的重点保护和修护，注重人工景观和自然景观的平衡关系。

（二）生态评价标准设计问题

中国乡村间呈现明显的非均质特征，既有因村情不同出现的横向异质性，也有乡村经济发展不平衡导致的纵向异质性，乡村生态环境和乡村文化多样性的传承和保护力度不够已经成为一些地区乡村可持续发展面临的关键瓶颈问题。因此在乡村生态环境保护过程中，要重视发展不平衡的现实问题，不

能片面地认为发展生态产业就机械地等同于破坏乡村环境，从而放弃对生态资源的可持续利用和乡村振兴战略的实施；更不能竭泽而渔，不考虑当地资源优势和生态承载力，以乡村环境恶化和乡村景观破坏为代价搞单一的运动式产业项目。只有在乡村振兴过程中，充分考虑乡村自然景观、人文景观、乡村传统知识等因素，制定适合当地经济持续发展的经济模式，才能实现乡村的整体振兴。

第三节　基于乡村振兴的生态振兴路径

乡村振兴，生态宜居是关键。乡村振兴是新时代对农村发展提出的新定位，在环境问题上更需要把握得当，不能以牺牲环境来换取经济的短期增速。乡村环境保护和经济发展和谐共促。牢固树立和践行"绿水青山就是金山银山"的理念，坚持尊重自然、顺应自然、保护自然，统筹山水林田湖草系统治理，加快转变生产生活方式，增加农业生态产品供给，提高农业生态服务能力，推动乡村自然资本加快增值，让老百姓种下的"常青树"真正变成"摇钱树"，让更多的老百姓吃上"生态饭"，让绿水青山真正成为兴村富民的金山银山，推动乡村生态振兴，建设生活环境整洁优美、生态系统稳定健康、人与自然和谐共生的生态宜居美丽乡村。

一、促进农业绿色发展

以生态环境友好和资源永续利用为导向，推动形成农业绿色生产方式，实现投入品减量化、生产清洁化、废弃物资源化、产业模式生态化，提高农业可持续发展能力。

强化资源保护与节约利用。实施国家农业节水行动，建设节水型乡村。深入推进农业灌溉用水总量控制和定额管理，建立健全农业节水长效机制和政策体系。逐步明晰农业水权，推进农业水价综合改革，建立精准补贴和节水奖励机制。严格控制未利用地的开垦，落实和完善耕地占补平衡制度。实施农用地分类管理，切实加大优先保护类耕地的保护力度。降低耕地开发利用强度，扩大轮作休耕制度试点，制定轮作休耕规划。全面普查动植物种质资源，推进种质资源的收集保存、鉴定和利用。强化渔业资源管控与养护，实施海洋渔业资

源总量管理、海洋渔船"双控"和休禁渔制度，科学划定江河湖海限捕、禁捕区域，建设水生生物保护区、海洋牧场。

推进农业清洁生产。加强农业投入品规范化管理，健全投入品追溯系统，推进化肥农药减量施用，完善农药风险评估技术标准体系，严格饲料质量安全管理。加快推进种养循环一体化，建立农村有机废弃物收集、转化机制，利用网络体系，推进农林产品加工剩余物资源化利用，深入实施秸秆禁烧制度和综合利用制度，建立整县推进畜禽粪污资源化利用试点。推进废旧地膜和包装废弃物等物品回收处理。推行水产健康养殖，加大近海滩涂养殖环境治理力度，严格控制河流湖库、近岸海域投饵网箱养殖。探索农林牧渔融合的循环发展模式，修复和完善生态廊道，恢复田间生物群落和生态链，建设健康稳定的田园生态系统。

集中治理农业环境突出问题。深入实施土壤污染防治行动计划，开展土壤污染状况详查，积极推进重金属污染耕地等受污染耕地的分类管理和安全利用，有序推进治理与修复工作。加强有色金属矿区重金属污染的综合整治。加强农业面源污染综合防治。加大地下水超采治理，控制地下水漏斗区、地表水过度利用区用水总量。严格工业和城镇污染处理、达标排放，建立监测体系，强化经常性执法监管制度建设，推动环境监测、执法向农村延伸，严禁未经达标处理的城镇污水和其他污染物进入农业农村。

二、统筹治理山水林田湖草系统

2018 年中央一号文件提出，要统筹山水林田湖草系统治理，把山水林田湖草作为一个生命共同体，进行统一保护、统一修复。补齐生态短板，增强生态产品供给能力，实现乡村生态宜居，这对加快推进农业农村现代化意义重大而深远。

实施重要生态系统保护和修复工程。健全耕地、草原、森林、河流、湖泊休养生息制度，分类有序退出超载的边际产能。扩大耕地轮作休耕制度试点。科学划定江河湖海限捕、禁捕区域，健全水生生态保护修复制度。实施水资源消耗总量和强度"双控"行动。开展河湖水系连通和农村河塘清淤整治，全面推行河长制、湖长制。加大农业水价综合改革工作力度。开展国土绿化行动，推进荒漠化、石漠化、水土流失综合治理。强化湿地保护和恢复，继续开展退

耕还湿。完善天然林保护制度，把所有天然林都纳入保护范围。扩大退耕还林还草、退牧还草，建立成果巩固长效机制。继续实施三北防护林体系建设等林业重点工程，实施森林质量精准提升工程。继续实施草原生态保护补助奖励政策。实施生物多样性保护重大工程，有效防范外来生物入侵。

统筹山水林田湖草系统治理，是补齐乡村振兴生态短板的必然要求。党的十八大以来，以习近平同志为核心的党中央高度重视绿色发展，将生态文明建设纳入"五位一体"总体布局和"四个全面"战略布局，首次把"美丽中国"作为生态文明建设的宏伟目标。绿色发展理念深入人心，加强生态文明建设成为普遍共识。生态文明建设带来了农业农村生产生活方式变革，推动了产业升级，也助推了"绿色革命"。党的十九大报告指出，"统筹山水林田湖草系统治理，实行最严格的生态环境保护制度，形成绿色发展方式和生活方式，坚定走生产发展、生活富裕、生态良好的文明发展道路"[①]。这也把生态文明建设与广大群众的民生问题更加紧密地联系在了一起，对乡村生态文明道路提出了具体要求。中国特色社会主义进入新时代，乡村生态文明建设面临新形势、新任务、新要求。长期以来，为解决农产品总量不足的矛盾，我国拼资源、拼环境，农业发展方式粗放、资源过度开发，导致一些地区农业农村生态系统退化、生态服务功能弱化，农村生产、生活、生态受到严重影响。由于没有同时、同步、系统保护好农业农村田、林、土、水等自然生态空间，森林质量不高、耕地质量退化、草原生态系统脆弱、渔业物种资源保护形势严峻、沙化土地面积较大、湿地侵占破坏严重等问题突出，生态保护和修复的效果不尽理想。生态环境脆弱，直接影响到农业农村可持续发展和全体人民身体健康，已成为全面建成小康社会的突出短板。实施乡村振兴战略，必须坚持走生态环境保护和经济协调发展共赢的绿色发展之路。统筹山水林田湖草系统治理，既是破解农业农村发展瓶颈的客观需要，又是党中央深刻综合把握"三农"发展新形势，顺应广大人民群众殷切期盼所作出的重大决策。

统筹山水林田湖草系统治理，核心是要在乡村振兴中坚持人与自然和谐共生，把乡村生态文明建设融入乡村振兴的各方面和全过程。要完善乡村生态文

---

① 习近平. 决胜全面建成小康社会 夺取新时代中国特色社会主义伟大胜利——在中国共产党第十九次全国代表大会上的报告 [J]. 实践（思想理论版），2017（11）：4-21.

明建设的体制机制和政策体系，严格保护乡村生态环境，为实现乡村全面振兴提供坚实的生态基础。加快建设生态宜居的乡村环境，保留乡土气息、保存乡村风貌、保护乡村生态、治理乡村生态破坏问题，让乡村有更舒适的居住条件、更优美的生态环境，让广大人民群众过上更加美好的生活。

完善乡村生态文明建设的体制机制和政策体系，严格保护乡村生态环境，为实现乡村全面振兴提供坚实的生态基础。打破分割的生态管理体制，统筹兼顾农业农村各生产要素、自然生态空间的整体性和系统性及其内在规律。针对农业农村发展的突出问题不断创新机制，既有利于美好生态环境的实现，又有利于生态环境的自我修复、自我调节、自我循环。

统筹山水林田湖草系统治理，要把生态文明建设摆在乡村振兴的突出位置，有序统筹生产、生活、生态，全面兼顾经济、社会、生态三大效益，准确把握保护与开发利用的关系，坚持绿色兴农发展理念，按照系统工程思路加强乡村生态保护修复，不断提升乡村自然生态承载力，还自然以宁静、和谐、美丽的环境，满足人民亲近自然、体验自然、享受自然的需要。

一是要尊重自然、顺应自然、保护自然，统一保护、统一修复乡村自然生态系统。山水林田湖草是一个生命共同体，人的命脉在田，田的命脉在水，水的命脉在山，山的命脉在土，土的命脉在树。要像对待生命一样对待生态环境，落实节约优先、保护优先、自然恢复为主的方针，从根本上扭转忽视生态和可持续的粗放型发展模式，坚持节约资源和保护环境的基本国策，实行最严格的生态环境保护制度。

二是要确立发展绿色农业就是保护生态的观念，突出降低农业农村群众资源开发利用强度，做到取之有时、取之有度，坚定不移地推动农业农村形成绿色发展方式和生活方式，增强农业农村可持续发展能力。

三是要树立和践行"绿水青山就是金山银山"的理念，严守生态保护红线，维护乡村生态优势，推动农业高质量发展，加快建设生态宜居的美丽乡村，以绿色发展引领乡村振兴。

新时代中国特色农业绿色发展道路，一是实施重要生态系统保护和修复工程，划定和保护好生态红线，提升农业农村自然生态系统的质量和稳定性；二是完善天然林保护制度，扩大退耕还林还草，强化湿地保护和修复；三是严格保护耕地，扩大耕地轮作休耕试点，健全耕地、草原、森林、河流、湖泊

休养生息制度。

三、治理乡村人居环境

以建设美丽宜居村庄为导向，以农村垃圾、污水治理和村容村貌提升为主攻方向，开展农村人居环境整治行动，全面提升农村人居环境质量。

（一）治理生活垃圾和生活污水

生活垃圾和生产垃圾在一些农村随处可见，水源处容易遭到污染，因此可以在有条件的地区通过优化垃圾收集容器和收集点位来推行和完善农村生活垃圾分类收集工作，并提高农村生活垃圾资源化利用程度，同时开展非正规垃圾堆放点的排查整治。此外，要因地制宜地确定农村生活垃圾处理模式，有利于建立健全村庄保洁体系。建立"户集、村收、镇运、县处理"的运行体系，完善垃圾收集转运和集中处理设施布局，逐步推行垃圾分类减量和资源化利用，垃圾日产日清不积存。交通便利及转运距离较近的村庄可依托城镇无害化处理设施集中处理，其他村庄可分散处理。因地制宜地开展农村生活污水治理，有条件的地区推进城镇无害化水处理设施和服务向周边村庄延伸覆盖的进程，在乡镇政府所在地建设污水处理设施和配套收集管网。人口较少的村庄推广建设户用污水处理设施，推广生活污水源头减量和尾水回收利用的工作。逐步消除农村黑臭水体，加强对农村饮用水水源地保护工作。

（二）建设基础设施和卫生设施

实施农房改造：有条件的乡镇开展棚户区改造，建设宜居小区；开展农村危房改造，消灭 D 级危房；开展农房抗震和节能改造。

实施道路改造：完善乡镇政府所在地路网，道路全部实现硬化，排水、路灯等附属设施基本完备；实施村庄道路硬化，主要街道全部硬化并设有边沟。

实施饮水改造：开展农村饮水安全工程改造，完善供水设施，全面解决饮水安全问题。

实施"厕所革命"：开展无害化卫生厕所改造，逐步推行厕所冲水化，鼓励有条件的农户厕所入户，同时结合各地实际普及不同类型的卫生厕所，推进厕所粪污无害化处理和资源化利用进程。

（三）美化村容村貌

科学规划村庄建筑布局，大力提升农房设计水平，突出乡土特色和地域民族特点。加快推进通村组道路、入户道路建设，基本解决村内道路泥泞、村民出行不便等问题。全面推进乡村绿化，建设具有乡村特色的绿化景观。完善村庄公共照明设施。整治公共空间和庭院环境，消除私搭乱建、乱堆乱放的现象。继续推进城乡环境卫生整洁行动，加大卫生乡镇创建工作力度。鼓励具备条件的地区集中连片建设生态宜居的美丽乡村，综合提升乡村风貌，促进村庄形态与自然环境相得益彰。

（四）综合利用清洁能源

开展畜禽粪便的治理工作。规模化的养殖场都要建设畜禽粪便污水综合治理和利用设施；开展分散家庭养殖户畜禽粪便储存设施建设，推进畜禽粪便的还田利用工作。

开展秸秆治理工作。要以秸秆的综合利用替代过去的就地焚烧，坚持秸秆综合利用与农业生产相结合，在满足农业与畜牧业需求的基础上，抓好新技术、新装备、新工艺的示范推广，合理引导秸秆肥料化、饲料化、能源化、基料化、原料化等综合利用方式，推动秸秆利用向多元循环方向发展。引导农民开展秸秆还田、青贮，鼓励秸秆能源化利用。村内柴草堆垛进院，规整垛放，不得占道。

四、保护与修复乡村生态

大力开展乡村生态保护与修复重大工程，完善重要生态系统保护制度，促进乡村生产生活环境稳步改善、自然生态系统功能和稳定性全面提升、生态产品供给能力进一步增强。

统筹山水林田湖草系统治理，优化生态安全屏障体系。大力实施大规模国土绿化行动，全面建设三北、长江等重点防护林体系，扩大退耕还林还草面积，巩固退耕还林还草成果，推动森林质量精准提升，加强有害生物防治。稳定扩大退牧还草实施范围，继续推进草原防灾减灾、鼠虫草害防治、严重退化沙化草原治理等工程。保护和恢复乡村河湖、湿地生态系统，积极开展农村水生态

修复工作，连通河湖水系，恢复河塘行蓄能力，推进退田还湖还湿、退圩退垸还湖工作。大力推进荒漠化、石漠化、水土流失综合治理，实施生态清洁小流域建设，推进绿色小水电改造。加快国土综合整治，实施农村土地综合整治重大行动，推进农用地和低效建设用地整理以及历史遗留损毁土地复垦。加强矿产资源开发集中地区特别是重有色金属矿区地质环境和生态修复工作，以及损毁山体、矿山废弃地的修复工作。加快近岸海域综合治理，实施蓝色海湾整治行动和自然岸线修复工作。开展生物多样性保护重大工程，提升各类重要保护地的保护管理能力。加强野生动植物保护，强化外来入侵物种的风险评估、监测预警与综合防控。开展重大生态修复工程气象保障服务，探索实施生态修复型人工增雨工程。

完善天然林和公益林保护制度，进一步细化各类森林和林地的管控措施或经营制度。完善草原生态监管和定期调查制度，严格实施草原禁牧和草畜平衡制度，全面落实草原经营者生态保护主体责任。完善荒漠生态保护制度，加强沙区天然植被和绿洲的保护。全面推行河长制、湖长制，鼓励将河长湖长体系延伸至村一级。推进河湖饮用水水源保护区划定和立界工作，加强对水源涵养区、蓄洪滞涝区、滨河滨湖带的保护。严格落实自然保护区、风景名胜区、地质遗迹等各类保护地保护制度，支持有条件的地方结合国家公园体制试点，探索对居住在核心区域的农牧民实施生态搬迁试点计划。

加大重点生态功能区转移支付力度，建立省以下生态保护补偿资金投入机制。完善重点领域生态保护补偿机制，鼓励地方因地制宜探索通过赎买、租赁、置换、协议、混合所有制等方式加强重点区位森林保护，落实草原生态保护补助奖励政策，建立长江流域重点水域禁捕补偿制度，鼓励各地建立流域上下游等横向补偿机制。推动市场化、多元化生态补偿，建立健全用水权、排污权、碳排放权交易制度，形成森林、草原、湿地等生态修复工程参与碳汇交易的有效途径，探索实物补偿、服务补偿、设施补偿、对口支援、干部支持、共建园区、飞地经济等方式，提高补偿的针对性。

大力发展生态旅游、生态种养等产业，打造乡村生态产业链。进一步盘活森林、草原、湿地等自然资源，允许集体经济组织灵活利用现有生产服务设施用地开展相关经营活动。鼓励各类社会主体参与生态保护修复，对集中连片开展生态修复达到一定规模的经营主体，允许在符合土地管理法律法规和土地利

用总体规划、依法办理建设用地审批手续、坚持节约集约用地的前提下，利用1%～3%的治理面积从事旅游、康养、体育、设施农业等产业的开发。深化集体林权制度改革，全面开展森林经营方案编制工作，扩大商品林经营自主权，鼓励多种形式的适度规模经营，支持开展林权收储担保服务。完善生态资源管护机制，设立生态管护员工作岗位，鼓励当地群众参与生态管护和管理服务。进一步健全自然资源有偿使用制度，研究探索生态资源价值评估方法并开展试点。

五、建立市场化、多元化生态补偿机制

党的十九大报告提出"建立市场化、多元化生态补偿机制"[①]。实施生态保护补偿不仅是调动各方积极性、保护好生态环境的重要手段，也是生态文明制度建设的重要内容。

党的十八大以来，生态保护补偿机制建设顺利推进并取得了积极进展，重点领域、重点区域、流域上下游以及市场化补偿范围逐步扩大，投入力度逐步加大，体制机制建设取得初步成效，如重点生态功能区转移支付、森林生态效益补偿、草原生态补助奖励、流域生态补偿等方面形成了比较完备的补偿政策和机制，并且探索了跨省流域横向生态补偿，开展了排污权有偿使用和碳排放权、水权交易市场建设，建立矿山环境治理恢复保证金制度等。但是，现有的补偿渠道和方式单一，缺乏有效机制保障，市场化、多元化生态补偿机制发育滞后，在促进生态环境保护方面的作用还没有充分发挥，存在企业和社会公众参与度不高、优良生态产品和生态服务供给不足等矛盾和问题。因此，亟须建立由政府主导、企业和社会参与、市场化运作、可持续的生态保护补偿机制，以激发全社会参与生态保护的积极性。

多元化的生态补偿机制需要政府、社会资本、企业、相关单位共同承担生态补偿工作，而市场化体现了"谁受益谁补偿"的原则，从而实现生态保护者和受益者的良性互动，让生态保护者得到实实在在的利益。建立市场化、多元化生态补偿机制，突出市场化特征，可以达到保护和可持续利用乡村生态系统的目的，同时做到以经济手段为主要手段，调节相关者利益关系，从而发挥市

---

① 习近平. 决胜全面建成小康社会 夺取新时代中国特色社会主义伟大胜利——在中国共产党第十九次全国代表大会上的报告［J］. 实践（思想理论版），2017（11）：4-21.

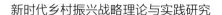

场在配置生态资源中的决定性作用。

2018 年 12 月，国家发改委、财政部等九部委联合印发《建立市场化、多元化生态保护补偿机制行动计划》，表明了我国生态环境保护工作的发展方向。行动总体要求中指出：到 2020 年，市场化、多元化生态保护补偿机制初步建立，全社会参与生态保护的积极性有效提升，受益者付费、保护者得到合理补偿的政策环境初步形成。到 2022 年，市场化、多元化生态保护补偿水平明显提升，生态保护补偿市场体系进一步完善，生态保护者和受益者互动关系更加协调，成为生态优先、绿色发展的有力支撑。建立市场化、多元化生态补偿机制，是生态文明助推乡村振兴的重大体制机制创新，也是促进区域平衡发展、打赢脱贫攻坚战和维护人与自然和谐共生的重要途径。

建立市场化、多元化生态补偿机制，重点从以下四个方面着力：一是落实农业功能区制度，加大重点生态功能区转移支付力度，完善生态保护成效与资金分配挂钩的激励约束机制；二是健全横向生态保护补偿机制，探索建立生态产品购买等市场化补偿制度；三是完善草原生态保护补偿制度，创新商品林赎买机制；四是建立长江流域重点水域禁捕补偿制度，推行生态建设和保护以工代赈做法，提供更多生态公益岗位。

第四节　美丽乡村助推生态振兴的典型事例

一、湖南省安乡模式

（一）基本情况

常德市安乡县位于湖南省北部，属于洞庭湖冲积平原，全域地质构造复杂，地形较为复杂多样。该地域土地肥沃，县内主要河流有澧水、五里河、松滋河等，气候温和，四季分明，阳光充足，气候地域差异小。安乡县是闻名遐迩的"鱼米之乡"，也是我国商品粮、油、鱼等生产基地。

近年来，安乡始终秉承"三生协调"的发展理念，坚持实施"绿色发展、生态崛起"的发展战略，坚持把改善农村人居环境作为乡村振兴的重要内容来抓，以建设生态宜居的大湖农业强县为目标，以全域美丽乡村建设为统领，

继续深入推进农业供给侧改革，创新落实"开放强县、产业立县"战略，大力实施"生态立县、旅游兴县"战略，打响"脱贫攻坚、乡村蝶变"会战。重点围绕"现代农业、美丽乡村、农村脱贫、基础设施、农村改革"五大主线开展农业农村工作。同时，安乡县探索出一条因地制宜、科学合理的乡村振兴之路，为湖区乡村振兴树立了新标杆，形成可借鉴、可复制、可推广的"安乡模式"。

（二）成功经验

自 2016 年起，安乡县委重点关注"全域美丽乡村建设"，2017 年还将"乡村蝶变"视为全县工作的要点，乡村振兴已经成为安乡县委的五大工作重点之一。自全域美丽乡村建设以来，安乡农村面貌发生了巨大变化。

1. 改善生态人居环境

安乡县通过实施河湖连通、湿地开发保护、珊珀湖水质提升三大工程，深度夯实生态基础，突出生态农业优势。河湖连通工程旨在畅通水乡水系，做到水"活起来、清起来"，保持品牌农业优良的水生态环境，已完成了孟家洲河、珊珀湖、虾趴垴河和仙桃河四处河湖连通工程，未来还将启动深柳镇湖、出口洲哑河、理兴垱河、长河四处河湖连通工程。湿地保护开发工程对于湖泊众多、水网发达的安乡县意义重大，湿地公园建设是未来湿地保护开发的重要方向，公园的建成不仅为周边居民提供了一个休闲娱乐的好去处，也将成为长江—洞庭湖的重要生态廊道。推进珊珀湖水质提升工程建设，在全县范围内倡导"禁止投肥，生态养殖"，按照"换水、截污、清淤、禁投、转型"等措施整改落实，现已正式启动补水排涝工程、清底泥筑岛和湿地工程建设，随着工程逐步推进，珊珀湖水质明显好转。安乡县深度推广垃圾分类减量"三个三分之一"处理模式，即沤肥、回收、清运三个三分之一，主要是在健全废品回收体系上向纵深推进，通过聘请废品回收公司，在村里建立废品回收点，对有毒有害、低廉废品由政府补贴收购，保障了回收体系的平稳运行。自主创新开展了房前屋后、路旁水边、田间地头"三整洁"评比，采取以奖代补的形式引导群众积极整治卫生环境，乡村环境卫生水平显著提升。

2018 年是安乡县启动全面秸秆禁烧工作的第一年，县委县政府高度重视，多措并举取得了明显成效，保持秸秆禁烧"五到位"（一是责任包保，分解到

位；二是无缝覆盖，宣传到位；三是源头管控，化解到位；四是昼夜巡查，执法到位；五是责任分级，追究到位）的高压态势，"秸秆禁烧"攻坚首战告捷。

2. 加大基础设施建设

近些年，随着美丽乡村建设的深入推进，安乡在基础设施提质改造、着力改善民生上下足功夫，农村的生产生活便利程度大大提升，主要开展了农村道路工程、农电网改造工程、安全饮水和厕所革命工程，补齐了民生短板。农村道路提质，道路硬化率、通组率、通户率达到 100%，G353、荆八公路已全面完成柏油路的建设。农村电网提质，安乡农村电网改造覆盖率达到 100%。安全饮水提质，安乡饮用水问题已经得到改善，全县 141 村（包含社区）均安装了自来水，农户率先实现了"村村通"。水利建设推进，2018 年全县开展冬修水利建设，重点开展以堤防应急除险、堤防加固、沟渠疏洗、机电维修、农村安全饮水、河湖连通为主要内容的水利冬修工作。"厕所革命"的推进也取得了巨大的进展。以安乡县 13 个示范村为重点，加强了"三格式、四格式"卫生厕所推广，并在同庆村连片打造了"厕所革命"样板，广大农民群众的获得感十分强烈，幸福指数显著提升。规范农村居民建房向纵深推进。早在 2014年，安乡县就出台了《安乡县农村村民建房管理暂行办法》，农村建房与城市建房同等对待，需要先申报，取得建房许可后才可建设，有效地遏制了占用基本农田、沟渠设施、风景保护区等的农村居民违规建房行为。规范建房后，农村建房向公路沿线和老居民区集中，农村民居朝向基本一致，水乡风格统一。同时，安乡县规范农村建房向拆除空心房方向纵深推进，2018 年还出台了《安乡县农村"空心房"整治实施方案》，建立了拆除"空心房"的补助机制。

3. 促进"生态农业"发展

安乡县以创建全国生态文明示范县为契机，按照"生态立县"的要求，坚持生态优先，并结合自身条件，大力发展"4+X"生态种养模式，主要有"稻田+""荷田+""蔬菜+""水产+"等高效种养模式。这种新型的种养模式在助力美丽乡村建设和精准脱贫的同时，也使安乡成为湖区改革的典范。为扎实推进"4+X"生态产业发展，制定了翔实规划，明确相关单位、各乡镇的工作任务和考核标准，由农投公司牵头，与县内新型农业经营主体合作建设有机产业园，加快引进龙头企业在安乡创建优质稻基地，发展养殖加工、冷链物流，创建农业品牌，加强产业链建设，利用节会、项目和农业公园，推进农业和旅游

业融合发展。

此外，品牌创建、农产品质量安全监管、三方利益分配机制、农产品电商平台等方面也在助推"生态农业"的发展。安乡县首次出台《加快推进农产品品牌建设的指导意见》，用品牌创建倒逼生态环境保护、倒逼生产方式转型。在保障农产品质量安全方面，全县已形成政府监管、企业自律、农民自为、法律保障的农产品质量安全机制。考虑维护公司、村级组织、农户三方的利益，形成合理的利益分配机制。2014 年，安乡县被列为农业部信息化试点县，县级政府引进多家电商平台，在多领域进行合作，建设县、乡、村三级网络体系，拓展了电商业务。

（三）借鉴意义

安乡县是洞庭湖淡水渔业县的典型代表，是国家商品鱼生产基地县和全国渔业生产百强县。安乡县在改善生态环境和基础设施的基础上，发展了符合自身特色的生态农业，"生态产业"已经成为水乡农业提质增效和湖区农民收入增长的新支柱，给湖区农业的发展提供了宝贵的经验。

1. 改善生态人居环境

安乡县三大生态环境改善工程，不仅有利于畅通水乡水系，做到水"活起来、清起来"，还有利于保持品牌农业优良的水生态环境，彰显了其生态优势。深入推广垃圾分类减量"三个三分之一"处理模式和全面秸秆禁烧，对于倡导群众参与环境保护与治理、显著提升乡村卫生水平具有重要的意义。农村的生态环境得到改善、生产生活便利程度大大提升，有助于推动发展安乡县特色优势产业，推动形成"4+X"生态种养模式。

2. 生态种养

随着"4+X"生态模式推进，全域生态环境进一步得到改善。安乡县积极发展"稻田+"等立体生态种养，推广清洁生产技术，扩大绿肥生产，全面打响农作物秸秆露天禁烧攻坚战，探索秸秆综合利用新模式，推广"三项技术"，减少农药化肥使用，加大环湖"三整洁"巡查力度，督促农户做好垃圾分类减量，探索专业化保洁员制度等。良好的生态环境为发展生态农业奠定了良好的发展基础，生态农业持续更好地发展，种植技术不断改进，反向促进了生态环境的进一步改善。

3. 品牌创建

合理三方利益分配机制的建立、品牌的创建、电商平台的加盟、农产品质量安全监管的加强，打响了安乡县生态产品的品牌，使得安乡农业品牌建设有了显著突破，品牌影响力增大。同时，品牌创建的强力推动也在倒逼生态环境保护、倒逼生产方式转型。良好的生态环境为安乡县生态产品品牌的创建奠定了基础，而品牌的创建也在推动着技术的改革、产品的升级，同时也推动了安乡县生态环境保护的深入。

二、甘肃省崇信建设

（一）基本情况

崇信县位于甘肃省平凉市东部。全域地形复杂，地貌多变，土壤种类较多，境内植被分布不均，水土流失严重，干旱、风沙、冰雹、霜冻是最主要的自然灾害。地形地貌属黄土高原丘陵沟壑区，整个地势西南高、东北低，由于汭河、黑河、达溪河的分割，南北两侧为黄土丘陵，中间为侵蚀堆积河谷，形成狭窄的三川两塬地貌。崇信县地处内陆，属温带半干旱气候，受温带大陆性季风气候的影响，冬季干旱少雨、气候干燥，夏季较湿润多雨，全年主导风向为西北风，区内降水量年内分配不均，年际变化明显。

近年来，崇信县坚持"绿水青山就是金山银山"的理念，把生态文明建设摆在突出位置，在生态文明建设方面取得可喜的成绩，如今的崇信生态宜居，俨然已成为当地最闪亮的一张金名片。崇信县以国家生态文明建设示范县创建为契机，统筹谋划，一体推进生态建设，绿水青山激发出更强的生态竞争力，借此走出了一条适应新时代的新路径。崇信县按照"生产发展、生活富裕、乡风文明、村容整洁、管理民主"的要求，以集中连片扶贫开发和农村环境连片综合整治为依托，以美丽乡村和新农村建设工程为抓手，以改善农村人居环境为目的，以环境良好、经济发展、民主健全、精神充实为主要内容，以人为本、因地制宜、科学规划，大力推进崇信县生态文明建设。截至 2016 年年底，全县共创建省级生态文明村 27 个（已获命名），在此基础上，加快生态文明村建设步伐，全面推进农村小康社会的建成。

（二）成功经验

1. 落实生态红线、优化生态空间

按照甘肃省和平凉市经济社会发展部署，以生态文明建设为目标，实施主体功能区规划，划定生态保护红线。依据《全国主体功能区规划》和《甘肃省主体功能区规划》，考虑崇信县生态环境要素、生态环境敏感性与生态服务功能空间分异规律，结合崇信社会经济发展的实际条件，将崇信县划分为以下三个生态功能区：煤炭资源开发与植被恢复功能区、丘陵河谷农业生产功能区、残塬沟壑农林生产功能区。

生态建设和环境保护是崇信县"经济—社会—生态"可持续发展和提高人民生活水平的重要内容。崇信县域经济的发展，包括工农业生产布局、资源开发利用，必须与生态功能区的生态保护与建设方向相一致。煤炭资源开发与植被恢复功能区，以煤炭资源开发和利用为主导产业，同时依托天然草场，大力发展以草畜产业为主的农村支柱产业。丘陵河谷农业生产功能区宽阔平坦，土地肥沃，灌溉条件便利，适宜耕作，是崇信农业生产的精华地带。

依据《生态保护红线划定指南》，同时结合崇信县生态环境实际情况，依法在重点生态功能区依据各生态环境敏感区和脆弱区等区域划分制定严格管控边界，根据崇信县服务功能区类型和管控严格程度实施分类分区管理，做到"一线一策"，生态保护红线一旦划定，性质不转换，功能不降低，面积不减少，责任不改变。

根据甘肃省主体功能区规划和甘肃省生态保护和建设规划，崇信县属于限制开发区，限制了该地区工业的发展，长期以来经济发展尤其是工业经济发展落后，地方财政能力薄弱，使崇信县成为六盘山贫困片带中的省列"插画型"贫困县。为保持经济持续发展和社会全面进步，崇信县在生态建设和环境保护方面做了大量的工作，围绕生态文明、生态安全、生态良好的建设目标，紧抓国家实施西部大开发战略和林业重点工程的机遇，认真组织实施退耕还林、天然林保护、重点林防护、绿色通道和林果产业建设等重点林业工程，取得显著的生态、社会和经济效益，为创建国家生态文明建设示范县创造了良好的基础与条件。

2. 建立绿色生态安全保障

崇信县作为黄河上游重要生态功能区，按照甘肃是"西北乃至全国的重要生态安全屏障"的战略定位，实施"三屏障四区域"建设的生态新战略，加快生态屏障工程建设，对于维护黄河流域生态安全、建设美丽崇信、改善民生福祉具有重大而深远的意义。近年来，崇信县高度重视生态屏障建设，坚持生态建设与产业发展并重，统筹发展生态林业和民生林业，全县三北防护林建设取得了长足进步。崇信县近几年巩固了三北防护林建设成果，结合小流域综合治理，推进三北防护林的建设，以造为主、封造结合，建设生态经济防护林。坚持严格保护、积极发展、科学经营和管理的原则，认真实施天然林资源保护工程，有效保护现有森林资源，促进林草植被恢复，增加森林资源总量，科学合理地培育后备森林资源。科学划分管护区域，严格落实管护制度和措施，封山禁牧和封山育林。同时按照生态建设产业化、产业发展生态化的要求，加大林业执法力度，发挥森林资源的多重效益，培育林业经济新的增长点，考虑建设现代林业物品物流基地和森林旅游基地。

3. 改善人居环境

完善县域村庄规划，加大村庄环境整治力度。加强农村基础设施建设，强化山水林田路综合治理，加快农村危旧房改造，支持集中连片开展农村垃圾专项治理工作，加大农村水污染处理和改厕力度。

结合美丽乡村建设和村庄街道、道路等建设，扩大村庄、学校等公共场所绿地面积。以实际生态环境为依据，结合生态文明乡镇、文明村建设，积极建设美丽乡村，在村庄群众聚居生活区域和经营活动集中场所进行绿化，在原来绿化的基础上提升绿化的层次、密度以及树种的多样性。改善和优化崇信县村镇社会环境，提高村镇绿化率，促进人与自然和谐共生，为实现农村经济社会可持续发展和推进生态文明建设奠定了基础。

（三）借鉴意义

党的十九大以来，崇信县政府始终把生态文明建设作为贯彻习近平新时代中国特色社会主义思想的重要举措，深入推进国家生态文明建设示范县和国家森林城市创建，坚决打好污染防治攻坚战。近些年，崇信县通过改善生态环境来推动生态文明建设，从而推动生态文明村的建设。崇信县结合大规模国土绿

化情况，大力推进生态振兴建设，在持续推进造林绿化、美丽乡村示范村环境整洁村建设、高标准梯田建设、高效节水灌溉面积扩增等方面做了不懈的努力，乡村人居环境整治、生态环境修复与保护都取得了巨大的成效。学习和借鉴崇信县经验，对于推进生态保护区域村镇的发展具有重要意义。

1. 增绿增水

崇信县是黄河上游重要生态功能区和全国重要的生态安全屏障，但自然生态系统退化、生态布局不平衡、生态承载力低、生物多样性减少的问题依然存在，生态基础薄弱、水土流失严重、森林生态功能不强的问题仍然突出。因此，崇信县在改善和修复生态环境上做出了许多努力，依托生态项目，加大植树造林、国土绿化等力度。崇信县着力构建满足生产、生活和生态空间基本需求的生态保护红线空间分布格局，稳妥推进生态保护红线划定工作。巩固三北防护林为崇信县绿色生态安全屏障的建设奠定了坚实的基础，生态建设支撑体系逐步形成，生态经济防护林对于防止水土流失、维护黄河流域生态安全、建设美丽崇信具有重要的现实意义。

2. 环境治理

在改善生态环境的同时，在乡村人居环境的治理方面也得到了长足的发展。在完善县域村庄规划的基础上，村庄的环境整治力度不断加大。农村交通运输、水利设施建设、能源设施建设、通信设施建设等方面逐步完善，"村村通"已成为基础设施改善的代名词。农村危旧房改造在持续推进中，农村水污染处理和改厕力度也在不断加大。实现秸秆的化肥化、能源化、饲料化等高效利用。崇信县深入推进全域无垃圾治理，全域无垃圾治理的做法和经验在全省得到了推广。

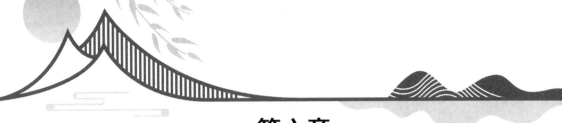

第六章
基于乡村振兴的人才培养与民生振兴研究

本章为基于乡村振兴的人才培养与民生振兴研究，主要从乡村人才培养的重要意义、乡村人才队伍建设的有效措施、乡村民生振兴的现状分析、基于乡村振兴的民生振兴路径四个方面展开研究。

第一节　乡村人才培养的重要意义

从理论上讲，乡村人才振兴是建立在人力资源开发的基础上，是一个国家或地区根据实际情况和发展需要，对所辖范围内的乡村人才进行教育、培训、健康保障等一系列活动，达到合理规划乡村人才、提高乡村人才综合素质水平，并不断促进乡村人才的合理配置，最终实现乡村振兴战略这一目标的过程。从人才的专长和工作性质看，可以将乡村人才分为生产经营人才、专业技能人才、文化传承人才、生态保育人才、管理服务人才。

生产经营人才是指以农业为职业，具有一定的专业技能和资金投入能力，收入主要来自农业生产经营并达到相当水平的现代农业生产经营者。主要包括专业大户、家庭农场经营者、合作社负责人、高素质农民、返乡创业人员及返乡农民工等。

专业技能人才是指在农民合作社、家庭农场等新型农业经营主体中较为稳定地从事农业岗位作业，并以此为主要收入来源，具有一定专业技能的农业劳动力；也包括直接从事农业产前、产中、产后服务的农业社会化技能服务人员。这类人才主要包括农业高技能人才、农村实用人才（土专家、统防统治植保员、村级动物防疫员）、农业技术推广人员、农机人才等。

文化传承人才是指长期扎根于农村，对民间艺术、农村文化有深入了解和

内在认同，致力于乡村文化的推广和传播、乡村文明的建设和提升的人才。主要包括农村文艺工作者、民俗艺人、农村教师、新乡贤、民间手工艺人等。

生态保育人才是指具备一定生态环保知识和技能，致力于为农业绿色发展服务，为生态文明建设服务，为保障乡村生态稳定、环境优美提供管理、服务和知识的人员。主要包括基层农村环保管理人员、环保设施运行维护人员、生态保护看护和维护人员、乡村环保宣教人员等。

管理服务人才是指在各级政府机关、事业单位、企业和社会团体中直接从事"三农"工作的人员。包括管理人员、科研人员、农业技术推广人员、基层干部和"特岗"高校毕业生等。

乡村人才不仅具备懂农业、爱农村、爱农民的基本能力和素养要求，还应具备懂政策、懂法律、懂经济、懂技术、懂管理的特征。

懂政策：乡村人才能够把握政策底线、吃透政策精髓，能够利用政策为农业生产经营和技术传播带来正面效应；能够坚持从调动和激发农民积极性的角度出发，研究政策，执行政策。

懂法律：乡村人才有法律意识和法律思维，懂得利用法律手段保护合法权益；能够坚持依法行政，依法兴农护农，能够总结行之有效的实践经验，妥善处理农业农村中的矛盾和问题。

懂经济：乡村人才具有较强的市场意识，能够综合运用多种经济手段，开展农业农村生产经营活动；能够从产业经济、区域经济、组织经济、技术经济等多个层面，规划和推动农业农村发展。

懂技术：乡村人才具有较高的专业技能水平，能够熟练掌握高产优质、防灾减灾、绿色安全、设施装备等相关农业技术技能；能够紧跟前沿技术动态，强化创新驱动，着力提高农业农村技术的推广和研发。

懂管理：乡村人才具有较强的管理意识，能够主动学习先进的管理知识，将管理理念和管理技巧熟练应用到农业农村工作中。

乡村人才培养的意义具体如下。

"致天下之治者在人才。"党的十九大报告指出，人才是实现民族振兴、赢得国际竞争主动的战略资源。人才作为人力资源中具有一定的专业知识或专门技能、能力和素质较高的劳动者，是经济社会发展的第一资源，是衡量一个国家综合国力的重要指标。2010 年 6 月，中共中央、国务院印发《国家中长期

人才发展规划纲要（2010—2020 年）》，提出了"服务发展、人才优先、以用为本、创新机制、高端引领、整体开发"的人才发展指导方针。在 2013 年 6 月的全国组织工作会议及 2016 年 5 月的全国科技创新大会、中国科学院及中国工程院两院院士大会、中国科学技术协会第九次全国代表大会上，习近平总书记多次强调人才问题，将人才强国和科教兴国、创新驱动发展战略一道摆在国家发展全局的核心位置，提出一系列新思想、新论断、新要求。

乡村人才是强农兴农的根本。习近平总书记在 2018 年中央农村工作会议上强调，乡村振兴要靠人才、靠资源。要着力抓好招才引智，促进各路人才"上山下乡"投身乡村振兴。要把人力资本开发放在首要位置，畅通智力、技术、管理下乡通道，造就更多乡土人才，聚天下人才而用之。要大力培育新型职业农民，加强农村专业人才队伍建设，发挥科技人才支撑作用，鼓励社会各界投身乡村建设，创新乡村人才培育、引进、使用机制。习近平总书记在参加十三届全国人大一次会议山东代表团审议时再次指出，要推动人才振兴，把人力资本开发放在首要位置，强化乡村振兴人才支撑，加快培育新型农业经营主体，让愿意留在乡村、建设家乡的人留得安心，让愿意上山下乡、回报乡村的人更有信心，激励各类人才在农村广阔天地中大施所能、大展才华、大显身手，打造一支强大的乡村振兴人才队伍，在乡村形成人才、土地、资金、产业汇聚的良性循环。2021 年，中共中央办公厅、国务院办公厅印发了《关于加快推进乡村人才振兴的意见》，成为乡村人才振兴中纲领性的指导意见，并指出"乡村振兴，关键在人"。

现阶段，我国社会主要矛盾已经转化为人民日益增长的美好生活需要和不平衡、不充分的发展之间的矛盾。不平衡的一个突出表现是城乡发展不平衡，不充分的主要问题是农业农村发展不充分。从现有情况来看，我国乡村人才状况远不能适应当前农村新产业、新业态层出不穷，一、二、三产业加速融合，生产经营模式不断创新的大背景，与建设富强、民主、文明、和谐、美丽的社会主义现代化强国要求相比还有较大差距。因此，加大人才培养力度，尽快实现乡村人才振兴，是摆在我们面前的一项紧迫任务。

乡村振兴必须充分发挥乡村人才的积极作用，从而推动乡村脱贫致富，实现更好、更长远的发展。

第一，充分利用乡村劳动力。当前，由于乡村工作岗位缺乏，大量农村剩

余劳动力流向城市，而这些人大多数文化程度偏低，没有相应的技术，只能依靠短暂出卖劳动力谋生，加之所从事的工作往往不太稳定，工资也相对较低，因此造成了极大的劳动力资源浪费。人才振兴就是要通过优秀人才的带领和带动，将农村剩余劳动力组织起来，让他们主动参与到有组织的生产活动中，从而使劳动力资源得到有效整合，实现劳动力价值最大化。

第二，有效利用乡村资源。乡村拥有土地资源、水资源、气候资源、生物资源、社会经济资源等大量资源，但是大多独特的资源却没有得到有效的开发利用，这都亟待掌握相应专业知识和技术的人才进行充分挖掘。人才振兴就是要通过技术人才和当地村民一同谋思路、想办法、出主意、想对策，努力将农村的自然资源转化为巨大的物质财富与精神财富。只有实现人才振兴，才能将乡村的绿水青山转换成"金山银山"，使乡村自然资源能够得到有效的利用。

第三，不断促进农民增收致富。"农民收入水平进一步提高"是乡村振兴的一个重要目标，也是解决"三农"问题的重要举措。人才振兴，一方面是要通过外来专业人才吸引大量资金投入，发展特色农业产业，从而积极带动当地群众就业，增加农民的收入；另一方面是要通过对本土农民的培养，鼓励拥有农业科技知识的技术人才为农民提供相应的知识与技能培训，使农民能够掌握和增加农业技术知识和致富本领，从而提高农民收入水平。

第二节　乡村人才队伍建设的有效措施

一、新型职业农民的培育

以培养造就一支懂农业、爱农村、爱农民的"三农"工作队伍为重点，积极培育新型职业农民和乡土人才，完善职业农民培育机制，鼓励和引导外出能人、城市人才返乡入乡创业创新，充分发挥农村贤人、能人、富人等对乡村振兴建设的示范引领作用，逐渐形成乡村人才济济、蓬勃发展之势。

（一）建立新型职业农民制度

乡村振兴，关键在人。推进农业农村现代化，实现农业强、农村美、农民富，首先要推进人的现代化和农民的职业化进程。新型职业农民是发展壮大新

型农业经营主体、构建农业社会化服务体系的重要力量，对于推动农村创新创业，促进一、二、三产业融合发展，带动小农户发展现代农业具有重要意义。培育新型职业农民是解决"谁来种地""如何种好地"问题的根本途径，是深化农村改革、构建新型农业经营主体的关键举措，是统筹城乡发展、实现全面建成小康社会的重要保障。

建立新型职业农民制度是乡村振兴的重要创新。新型职业农民给农业、农村、农民带来深刻的变化，承载了我国农业的希望和未来。一是新型职业农民通过生产经营，可获得较大的经济效益，为更大规模、更高品质发展现代农业蓄积能量，极大地改变了农村面貌。二是新型职业农民是乡村经营体系的核心主体，今后我国农业的从业主体，从组织形态看就是龙头企业、家庭农场、合作社等，从个体形态看就是新型职业农民。三是新型职业农民对于加快构建集约化、专业化、组织化、社会化相结合的新型农业经营体系，将发挥重要的主体性、基础性作用。

新型职业农民是乡村振兴的重要支撑。实施乡村振兴战略，广大农民群众是主力军。切实发挥农民在乡村振兴中的主体作用，大力培育新型职业农民，调动农民的积极性，激发他们的创造力，提升农业农村生产力，是乡村振兴前期工作的重中之重。新型职业农民也是加快推进农业现代化、推动农村经济社会发展必不可缺的力量。

新型职业农民是推进城乡发展一体化的重要保障。长期以来，我国劳动力、资金、土地等要素资源大量从农村流向城镇，导致工农、城乡发展失衡，成为我国经济社会发展的突出矛盾。推进城乡发展一体化，根本是要促进城乡要素平等交换和公共资源均衡配置。迫切需要大力培育新型职业农民，提高农民的科学文化素质和生产经营能力，推动农民由身份向职业转变，逐步成为体面的职业，让广大农民平等参与现代化进程、共同分享现代化成果；吸引一批农民工、中高等院校毕业生、退役士兵、科技人员等到农村创新创业，带动资金、技术、管理等要素流向农村，发展新产业、新业态，增强农村发展活力，繁荣农村经济，缩小城乡差距。

（二）实施新型职业农民培育工程

以提高农民、扶持农民、富裕农民为方向，以吸引年轻人务农、培养职业

农民为重点，建立专门政策机制，完善培育制度，强化培育体系，提升培育能力，通过培训提高一批、吸引发展一批、培养储备一批，加快构建一支有文化、懂技术、善经营、会管理的新型职业农民队伍，为农业现代化建设提供坚实的人力基础和保障。

1. 新型职业农民培育工程

中央和地方财政支持实施新型职业农民培育工程，开展整省、整市和整县的示范推进工作，逐步实现所有农业县市区全覆盖。"十三五"期间重点实施新型农业经营主体带头人轮训计划、现代青年农场主培养计划和农村实用人才带头人培训计划，加快建立一支规模宏大、结构合理、素质优良的新型职业农民队伍。

新型农业经营主体带头人轮训计划以专业大户、家庭农场经营者、农民合作社带头人、农业龙头企业负责人和农业社会化服务组织负责人等为对象，用5年时间对其轮训一遍，提高其综合素质和职业能力。加强对新型农业经营主体带头人的规范管理、政策扶持、跟踪服务工作，支持其发展多种形式的适度规模经营，发挥新型职业农民引领现代农业发展的主力军作用。

现代青年农场主培养计划以中等教育及以上学历，年龄在18~45周岁的返乡下乡创业农民工、中高等院校毕业生、退役士兵以及农村务农青年为对象，开展为期3年的培养，其中培育2年、后续跟踪服务1年。加强对现代青年农场主的培训指导、创业孵化、认定管理、政策扶持，吸引年轻人务农创业，提高其创业兴业能力。

农村实用人才带头人培训计划以贫困地区农村两委干部、产业发展带头人、大学生村官等为主要对象，以现代农业和新农村发展的先进典型村为依托，按照"村庄是教室、村干部是教师、现场是教材"的培养模式，通过专家授课、现场教学、交流研讨的形式，不断提高农村带头人的增收致富本领和示范带动能力。

2. 新型职业农民学历提升工程

支持涉农职业院校开展新型职业农民学历教育，面向专业大户、家庭农场经营者、农民合作社负责人、农业企业经营管理人员、农村基层干部、返乡下乡涉农创业者、农村信息员和农业社会化服务人员等，采取农学结合、弹性学制、送教下乡等形式开展农民中高等职业教育，重点培养具有科学素养、创新

精神、经营能力和示范带动作用的新型农业经营主体带头人与农业社会化服务人员，有效提高新型职业农民队伍综合素质和学历水平。建立学分银行，将培训内容按学时折算学分，搭建农民职业培训与中、高等职业教育衔接的"立交桥"，为新型职业农民实现多样化选择、多路径成才创造有利条件。鼓励高等农业院校大力实施卓越农林人才培养计划，创新教育培养模式，面向现代农业培养领军型职业农民。

3. 新型职业农民培育信息化建设工程

以提升新型职业农民培育信息化服务能力为目标，以改善教育培训和管理服务条件为重点，打造国家、省、县三级新型职业农民培育信息化平台，提供在线学习、管理考核、跟踪指导服务。国家信息化平台重点建设国家培育资源制作基地、信息交换中心、在线学习管理中心、移动互联信息服务系统等硬件、软件和云存储条件；省级信息化平台重点建设各省资源制作基地、资源传播中心和在线学习中心；县级信息化平台重点建设多媒体资源库、双向卫星远端站、现代化多媒体培训教室、农民田间学校信息服务站等。

（三）创新新型职业农民培育形式

培养造就更多新型职业农民，为乡村振兴提供人才支撑，才能把农民职业有前景、农业发展有奔头、农村生活更美好的愿景变为现实。

1. 构建科学的培育体系

大力培育新型职业农民，首先应有计划地构建适应现代农业发展需要的科学培育体系，明确培育主体，丰富培育内容，制定有针对性的培育方案。对新型职业农民的培育不应局限于实用的专业技术，还应从农业科技发展、农业发展理念、农业文化、农场管理等方面入手提升其素养，让他们真正成为农民致富的榜样和农业发展的生力军，让美丽乡村成为他们施展才干、提升能力、实现理想的宽广舞台。

2. 创新培育机制

大力培育新型职业农民，应拓宽培育途径、创新培育机制。支持新型职业农民通过弹性学制，参加中、高等农业职业教育，支持农民专业合作社、专业技术协会、龙头企业等主体承担培训职能。鼓励农业园区、农业企业建立新型职业农民实习实训基地和创业孵化基地。可以逐步建立和完善职业农民注册、

职称认定、信息档案登记等制度，以便于对其进行管理、培训和支持。此外，还应完善新型职业农民养老、医疗等社会保障制度；完善配套政策体系，在财政、税收、金融、保险等方面给予扶持，提高新型职业农民的市场竞争能力。

二、建设乡村专业人才队伍

乡村振兴，特别要创新培训"育人才"，为发展"铺路子"。加快培养"一懂两爱"农业农村人才队伍，为构建现代农业产业体系、生产体系、经营体系和促进农村一、二、三产业融合发展提供人才引领与支撑，是乡村振兴战略的重要内容。今后一个时期，要按照乡村振兴战略的总体部署，围绕产业链、价值链、创新链布局人才链，统筹抓好农业农村人才队伍建设。

（一）培养农业科研人才队伍

农业科研人才是推进农业科技创新的主体力量，代表农业科技发展的方向和核心竞争力。农业科研周期长、基础性工作多，需要长期稳定的支持。要根据农业科研规律设计人才培养选拔机制。

第一，加大稳定支持力度。深入实施农业科研杰出人才培养计划，注重发挥现代农业产业技术体系、中国农科院科技创新工程等的作用，稳定支持重点领域科研人才的潜心研究，积极争取设立新的农业科研人才支持专项计划。鼓励帮助科研人员多渠道争取竞争性科研项目支持，让人才在创新实践中成才。

第二，完善协同培养模式。依托国家农业科技创新联盟等平台，在重大命题研究、重要技术模式示范、长期性基础科研布局等方面，健全以协同创新为特征的科研组织模式，带动全国农业科研人才队伍整体实力提升。

第三，健全评价激励机制。建立以产业发展贡献为导向的分类评价机制，引导科研人才"把论文写在大地上"，在服务乡村振兴中建功立业。总结提炼种业人才发展和科研成果权益改革经验，健全农业科研人才享受科研成果转化收益的新机制，建立更加体现人才价值导向的分配激励机制。

第四，注重青年人才培养。青年人才思维活跃，富有创新激情和创新能力。要发挥"杰出青年农业科学家"等资助项目作用，加大对处于职业生涯起步阶段、崭露头角、潜力巨大的青年人才的支持力度，多为他们提供平台和支持，激发其创新潜力，发挥其最大潜能。

（二）建设农技推广人才队伍

农技推广人才是推广转化农业科技成果、开展生产服务的骨干力量，在科技引领农业农村现代化中发挥着桥梁和纽带作用。要顺应新型农业经营主体和农业社会化服务组织蓬勃发展的新形势，继续深化基层农技推广体系改革，以农业产业需要、农民群众满意为评价基准，完善基层农技服务政策，探索建立公益性农技推广队伍与经营性技术服务队伍协调发展的新机制，打通科技下乡"最后一公里"。

第一，加大公益性队伍建设力度。拓宽基层农技人员继续教育渠道，解决好知识更新跟不上需要的难题。通过补充一批、培训一批、学历提升一批的方式，保持公益性农技推广人才队伍持续健康发展。探索实施农技服务特聘计划。

第二，创新基层农技服务机制。引导鼓励农民专业合作社、农业企业、农业科研机构、涉农院校、农业示范园区等开展农技推广服务。探索实施农技服务特聘计划，壮大农技服务人员队伍。

第三，营造农技推广良好环境。深化农业系列职称制度改革，继续开展农技推广研究员（农业系列正高级职称）评审工作，并向基层一线倾斜，吸引和激励广大农技推广人才扎根农村开展服务工作。大力开展"寻找最美农技员"活动，宣传弘扬不畏艰苦、为民服务的高尚品德和务实重干、开拓创新的精神风貌。继续发挥"全国十佳农技推广标兵"资助项目的作用，树立正确导向。

（三）培养农村实用人才队伍

以新型职业农民为主体的农村实用人才是广大农民的优秀代表，是带领农民群众增收致富的骨干力量，是推进农业农村现代化建设的主导力量。新型职业农民是农村实用人才的重要组成部分，新型农业经营主体带头人是新型职业农民的重要骨干。无论是新型职业农民的培育，还是新型农业经营主体带头人的轮训，或是农村实用人才带头人的示范培训，都是培养造就"一懂两爱"农村实用人才队伍的重要途径。

第一，加快培育爱农业、懂技术、善经营的新型职业农民。深入实施新型职业农民培育工程，以培育新型农业经营主体带头人、农业职业经理人及骨干农民为重点，创新培育机制，强化能力素质培训、生产经营服务、产业政策扶

持等，帮助职业农民快速成长。

第二，完善农村实用人才带头人示范培训机制。谋划实施乡村振兴发展带头人示范培训行动，扩大农村实用人才带头人示范培训经费渠道改革试点，不断扩大培训规模，实行部司领导干部基层联系点所在县的农村实用人才带头人培训全覆盖。加强培训导师队伍建设，加大培训教材开发和优秀教材推介力度，改进学员选调和培训方式，注重培训内容和模式创新，把培训内容与培训基地的教学资源特色紧密结合起来，启用"农村实用人才带头人之家"学习平台，不断增强培训的精准度和实效性。

第三，深入推进贫困地区"扶志扶智"行动。扶贫先扶志，扶贫必扶智。扶志就是扶思想、扶观念、扶信心，扶智就是扶知识、扶技术、扶思路。如果扶贫不扶志，扶贫的目的就难以达到；如果扶贫不扶智，就会知识匮乏、智力不足、身无长物，甚至造成贫困的代际传递。要从根本上摆脱贫困，必须智随志走、志以智强，实施"志智双扶"。根据国务院扶贫办、中央组织部等 13 个部门联合发布的《关于开展扶贫扶志行动的意见》，在继续做好产业就业扶贫、教育扶贫、健康扶贫、易地扶贫搬迁、危房改造、饮水安全、保障性扶贫等工作的同时，通过宣传教育、典型带动、技能培训、政策扶持、营造文明新风等途径，增强贫困群众主体意识和立足自身实现脱贫致富的信心、决心，提高自我发展能力，确保贫困群众实现稳定脱贫和可持续发展。

第三节　乡村民生振兴的现状分析

我国农村经过长期的发展，各项民生项目取得了显著的成效，但不少乡村还面临着道路交通设施不足、供水保障水平不高、污水处理设施不完备、水利基础设施不完善、生活垃圾处理系统不完备、公厕数量和卫生条件不足、能源结构不合理、信息基础设施落后、农村就业不充分、分配制度单一且收入低、教育资源短缺且水平不高等问题。

一、乡村交通设施不足

一是村道硬化比例不高。据国家统计局官方数据，2019 年全国村庄内道路总长度 3 205 823.81 千米，其中，硬化道路只有 1 634 591.38 千米，占总体

乡村道路总长度的 50.98%。截至 2019 年年底，中国的村庄道路约有一半属于未硬化的道路，村庄道路硬化的情况不尽理想[①]。

二是宽度有限，使用不便。按照国家乡村道路工程技术规范的要求，道路宽度达到 4.5 米才能会车，但目前多数村庄的道路往往仅 3 米宽，在部分偏远山区的村道则更窄。多数村道无法满足会车的需求，一到春节等节假日，农村堵车的情况比城市还严重。

三是乡村公交覆盖度不高。根据云南网 2019 年发布的官方报道显示，截至 2019 年年底，云南省 14 449 个建制村，已通客车的建制村达 13 882 个，通客车率 96.08%。全省暂未通客车的建制村有 567 个，其中，具备通客车条件的村有 455 个，暂不具备通客车条件的村有 112 个。在"村村通"客车推进过程中，让农村公交客运"开得通、留得住、有效益"，成了困扰运管部门的难题。有些村的路基达不到 4.5 米，客车行驶存在一定的安全隐患；部分村涉及危桥改造、窄路加宽、安防工程等工程建设问题；还有的村是村民人数少于 100 人，公交车空车率较高，由于客流量小、经营不善等原因亏损严重，如果当地财政收入不高、补贴不足，乡村公交就会形成"开得通、亏损大、留不住"的僵局，确实难以为继[②]。

二、农村供水保障整体水平不高

我国农村人口居住分散、地理条件差异较大、水资源禀赋不均，当前农村供水整体水平仍处于初级阶段。根据《城乡建设统计年鉴 2019》显示，截至 2019 年年底，全国村庄供水普及率均为 80.98%，最低的省（西藏）仅为 61.43%，部分地区的村民饮水安全尚缺乏保障[③]。

目前，乡村供水工程在部分地区存在以下三种现象。

---

① 中华人民共和国中央人民政府.2019 年交通运输行业发展统计公报［EB/OL］.（2020-05-12）［2023-04-03］. http://www.gov.cn/xinwen/2020/05/12/content_5510817.htm.

② 昆明信息港. 云南省 14449 个建制村实现 100%通硬化路　贫困地区基础设施极大改善［EB/OL］.（2020-03-19）［2023-04-03］https://www.kunming.cn/news/c/2020-03-19/12880420.shtml.

③ 中华人民共和国住房和城乡建设部.2019 城乡发展统计年鉴［EB/OL］.（2020-12-31）［2023-04-03］. http://www.mohurd.gov.cn/xytj/tjzljsxytjgb/jstjnj/index.html.

一是供水工程较分散，并以小型集中供水工程为主，在运行管理方面难度较大。

二是水质不稳定，小型集中供水工程只设计了简单的沉淀过滤装置。部分农村原有的饮水安全工程存在工程老化失修、水源水量不足、水质不达标、管网渗漏严重等问题。

三是部分地区季节性缺水问题仍然存在，少数地区存在少量天数缺水情况。

三、污水处理设施不完备

排水管网建设不完善，进度严重滞后。据国家住房和城乡建设部《城乡建设统计年鉴 2019》数据显示，截至 2019 年年底，已对污水进行综合处理的乡村个数为 3 156 个，占比为 33.3%，污水处理率为 18.21%。乡村排水管道总长度由 2017 年的 1.9 万千米上升至 2019 年的 2.5 万千米，增长速度约为 31.58%，而农村每天污水处理能力由 2017 年的 55.72 万立方千米上升至 2019 年的 80.11 万立方千米，增长速度约为 43.77%。由此对比可发现，排水管网的建成速度要低于污水处理厂的建成速度[①]。由于管网投资大于建污水处理厂的投资，并且管网维护管理困难，加上财政和运维管理等负担，很多污水处理设施"建而不用"，成了摆设。

四、水利设施不完善

我国农村的农田水利工程大多兴建于 20 世纪六七十年代，已经运行 50 多年，大多建设期较早，设施年久失修，即便有的经过多次维修和改造，也只是处理表面问题，本质上没有得到彻底改善。许多灌溉排水工程已经进入老化期，甚至超越了原本的使用寿命，渠道工程的损坏与失修造成了水灌不进、放不出的问题。近年来，我国农村地区的旱涝灾害发生频率较高，影响着农作物的整体产量，不利于农村经济的发展。我国农村地区水利设施建设还不够完善，建设过程中的很多问题亟待解决。乡村水利设施主要针对农田水利工程点多面

---

① 中华人民共和国住房和城乡建设部.2019 城乡发展统计年鉴［EB/OL］.（2020-12-31）［2023-04-03］. http://www.mohurd.gov.cn/xytj/tjzljsxytjgb/jstjnj/index.html.

广、微小分散和多龙治水、标准偏低、重数量不重质量等问题。

五、生活垃圾处理系统不完备

随着农村现代化进程的推进和农民生活水平的提高，大量工业化学物品进入农村家庭，成了生活必需品，这些物品在使用后产生了大量废弃物，增加了农村垃圾的复杂性，加大了处理难度，进而破坏了乡村的原始生态环境。

六、其他现状问题

第一，农村公厕数量和卫生条件不足。根据国家卫生健康委员会的数据，改革开放后，全国拥有卫生厕所的农村住户比重大幅提高。1993 年，第一次农村环境卫生调查结果显示，全国农村卫生厕所普及率仅为 7.5%。到 2017 年年底，全国农村卫生厕所普及率已达 81.8%，但少数偏远地区的农村卫生厕所覆盖率不高。据中国农业农村部发布的官方数据显示，截至 2019 年 12 月，中国农村共有公共厕所 3.9 万个，全国农村卫生厕所普及率超过 60%，卫生厕所数量和卫生条件仍有较大的提升空间[①]。

第二，能源结构不合理。当前，农村电网仍然存在问题。用电负荷迅速加快，电网和供电设备较为老旧，存在电力供应网络单一、配电变压器容量不足和线路载流量小的问题，无法满足生产与生活的需要。同时，缺乏定期维护和检修，导致违规用电情况时有出现，带来了安全隐患。目前，农村可再生能源的开发利用普及率比较低，集中供气网点很少，资金相对缺乏，新能源工程建设总体缺乏活力。

第三，信息基础设施落后。乡村通信尚不发达，信息基础设施建设有待加强。根据国家统计局《2020 年国民经济和社会发展统计公报》数据，农村互联网普及情况远低于城镇。2020 年年末，互联网上网人数达 9.89 亿人，其中手机上网人数为 9.86 亿人；互联网普及率为 70.4%，其中农村地区互联网普及率为 55.9%[②]。

---

① 健康促进网. 2018 年卫生健康事业发展统计公报［EB/OL］.（2019-05-24）［2023-04-03］. https://www.sohu.com/a/316305454_120059213.

② 国家统计局. 中华人民共和国 2020 年国民经济和社会发展统计公报［EB/OL］.（2021-02-28）［2023-04-03］. http://www.gov.cn/xinwen/2021/02/28/content_5589283.htm.

第四，分配制度单一、收入低。由于缺乏系统完善的科学分配制度，广大农民没有享受到更多改革发展的红利，只能凭借自身的劳动换取收入，收入形式相对单一，造成农民收入普遍不高、城乡收入贫富差距大等问题。

第五，教育资源短缺、水平不高。根据《中国农村教育发展报告 2017》，2017 年，农村学前教育在园生占总体的 62.90%；农村义务教育阶段在校生占总体的 65.40%；农村普通高中教育在校生占总体的 52.35%。从学校数量看，2017 年农村幼儿园数量占总体的 69.03%，农村义务教育学校数量占总体的 81.95%，农村普通高中数量占总体的 49.76%。其中，优质的教育资源不多。

农村教育面广量大，依然是中国基础教育的大头。但乡村教育投入有限、资源相对短缺，大多数办学条件较差，乡村教师队伍缺乏人才，队伍老龄化，教学学科结构不科学，教学质量不高。大多数乡村针对农民的职业教育处于制度空白状态，导致广大从业农民文化水平普遍不高，难以适应当下市场化的竞争和现代社会生产发展。

第四节　基于乡村振兴的民生振兴路径

一、提升乡村市政配套设施

（一）提升道路建设

乡村道路建设对乡村经济的发展起着至关重要的作用。道路建设提升主要集中在四个方面：全面推进"四好农村路"建设，满足机动车、非机动车和居民出行要求，营造安全、舒适的交通环境；以人为本，因地制宜，打造具有当地特色的乡村道路；发展城乡公交一体化，实现具备条件的建制村全部通客车；完善安全防护设施。只有通过健全的乡村道路规划，形成便利的交通系统，才能将"引进来"和"走出去"相结合，让经济推动乡村更新，真正实现乡村振兴。

1. 道路建设

道路建设包括乡村道路规划和乡村道路建设两方面。

（1）乡村道路规划

乡村道路系统是乡村发展的"骨架"，通过道路系统把区域内的生产、生活连接起来，以一定方式组成有机整体。道路系统一旦确定，实质上就决定了乡村发展的布局结构、规模及形态。乡村道路系统必须以乡村总体规划为基础，并结合更宏观的周边区域道路交通网络进行整体规划。一是应根据乡村用地的功能、道路交通的流量及流向，结合现状环境与道路条件进行设置，使其布局更加科学合理。二是应尊重乡村的传统格局，注重生态保护。这要求在进行乡村道路规划时使用安全环保、经济耐久的材料，并使道路的走向较好地顺应地形，尽量减少对山、塘、树等自然资源的侵占。

（2）乡村道路建设

根据在乡村路网中的交通作用及对周边居民的服务功能，乡村道路可分为干路、支路和巷道三个等级，不同等级的道路具有不同的技术标准与要求。干路以机动车通行为主，兼有非机动车、人行通行，设计时速 20～40 千米/小时；支路则以非机动车兼具人行为主，设计时速 15～20 千米/小时；巷道则主要供人通行。

2. 城乡公交一体化

城乡公交一体化是衔接城市与乡村的民生工程，同时也是落实城镇化的根本保障。建立适应城乡公交一体化发展的管理机制，从战略高度进行统一规划指导，根据各地政策，制定实施方案，降低经营者的运营成本以提高企业经营客运线路的积极性，从而达到统一规划、协调发展、节约资源、便利群众的目的。加快乡村道路建设，提高乡村道路的通达率，需要以居民出行要求为导向，加强行政村间的环路建设。同时，应注重公交线路的设置，以提高运营效率，并需要根据乡村客运量和实际规划，建设乡村客运站或简易车站。健全相关法规，加强市场监管。明确城乡公交的主管部门，实行统一管理，提高客运主体的素质，保证客运服务水平不断提高。

（二）提升供水保障

近年来，我国乡村供水工程的发展模式发生了转变，重点已从最初的解决乡村饮水困难问题转变为解决乡村供水安全问题。传统的分散供水工程规模小，存在处理设备简陋、处理工艺不完备、管理运行不到位等问题，导致水质

合格率低，供水保障率低。而集中供水工程实现了水源统一管理，不仅避免了重复建设，降低了工程建设投资和供水成本，同时也极大地提高了农村的供水质量，实现了良性循环。

从长远来看，解决乡村饮水安全问题要结合城镇化发展方向和新农村建设，认真研究城乡布局，按照规模化发展、标准化建设、市场化运营、专业化管理的原则，在有条件的乡村积极推进城乡统筹供水设施及配套管网建设，在不具备城乡统筹供水条件的乡村，因地制宜地实施小型集中供水的措施。

（三）建设水利基础设施

提升水利基础设施建设，是实现乡村振兴的基础。目前，水利基础设施存在重建设、轻管理的问题，严重限制了水资源的保护和合理利用。因此，应从以下三个方面对水利基础设施进行提升：大力推进灌区工程改造建设，发展高效节水灌溉，完善农田灌排工程体系；加强乡村防洪排涝水利设施建设，进一步提升乡村防洪排涝能力；推进乡村水系综合整治，恢复河湖生态空间，营造良好的水生态环境。水利灌溉在乡村振兴中具有不可忽视的作用。

首先，水利灌溉体系。第一，合理选择节水灌溉技术。综合考虑各个区域农田的基本情况、气候条件、经济发展水平及水资源属性等因素，因地制宜地选择技术。第二，根据农作物结构调整农田灌溉方案。按照各地区的农作物类型及种植比例对农田灌溉方案进行相应的调整，从而提高水的利用率。

其次，水利防洪排涝。有序推进乡村涝区治理是十分重要的。病险水库水闸除险加固不容忽视，应推进病险水库水闸除险加固，完善防洪排涝体系。此外，由于涝灾的发生及其量值都有随机性，单纯靠工程治涝既不经济，也不完善，因此防洪排涝非工程措施是重要的。

最后，河湖治理。首先，开展乡村河湖水环境治理，健全河湖管理保护长效机制，提高河湖行洪排涝的能力，增强水体流动性，并且要加强对重要水库湖泊周边区域污染源的治理，改善河湖水质，同时需采取生态恢复的措施，促进生物多样化。其次，大力推进乡村水系连通，逐步恢复、重建、优化乡村河湖水系布局，盘活乡村河湖水体。最后，加强乡村水生态环境保护，重塑健康自然的弯曲河岸线。

（四）建设生活垃圾设施

首先，垃圾收集处理。运用"村收集、镇转运、市处理"的模式，完善乡村镇区垃圾转运站的建设，达到"一镇一站"建设的最低标准；完善村庄垃圾房的建设，达到"一村一房"的标准。垃圾处理模式如图6-1所示。

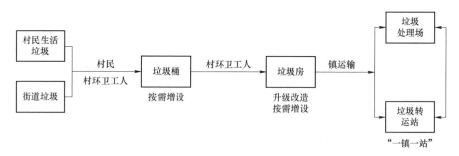

图 6-1　乡村垃圾收运模式示意

村庄的主干道中应设置密闭式垃圾箱或者垃圾桶，并且要注重垃圾箱的规格与风格，使之与村庄整体风貌保持协调一致。此外，还可按需设置小型的垃圾转运中心，其周边可用灌木等植物进行适当的遮挡并保持一定的卫生防护距离，以保持环境的干净整洁。

其次，村庄生活垃圾宜就地分类回收利用。村庄生活垃圾宜推行分类收集，增设垃圾分类收集设施，循环利用，采取"就地消纳为主，集中处理为辅"的处理策略。对可燃烧垃圾率先就地燃烧，进行减量化，剩余垃圾再放进垃圾转运站（点）并不定期运往镇或县、市的生活垃圾填埋场集中填埋。

（五）建设乡村信息基础设施

第一，宽带网络设施规划。宽带网络设施规划是基于乡村地区电信业务量，确定通信设备的位置、线路设施的需求、通信能力及通信水平的设计。组网方式必须立足于对乡村居民当前电信业务需求的满足，并兼顾中短期的发展，避免频繁的网络升级与结构调整。值得注意的是，乡村地区不应盲目追求大容量，而应注重配置区域的合理性。同时，基于乡村的发展规划对网络传输网进行搭建设计也是至关重要的一环。例如，在较为集中的区域，骨干传输网应以环形网络为主、线型结构为辅。此外，应首选能够适应当地环境的传输设备，并且

通信设备在布局上应靠近需求中心,尽可能地优化线路,最大限度地降低干扰。

第二,通信基站设施规划。移动电话终端已经成为现在乡村地区获取外界信息的重要方式,直播和短视频的爆发式传播为农村电商创造了新的营销方式,开拓了更大的销售市场,对促进乡村互联网普及起到了极大的推动作用。移动电话终端的增加也相应加大了对乡村通信基站的业务需求,而乡村通信基站一般选址在政府机关、企事业单位及农贸市场等相对集中的地方,通信基站总量较少,需求过大导致网络速度慢、经常掉线等问题。因此,通信基站设施规划最需要解决的就是基站布点和覆盖范围的问题。基站布点根据技术特点和乡村的需求、目标边缘速率等规划,宜采用多家运营商共建共享的原则,降低基站建设难度,也可考虑与乡村照明灯杆集约化建设,将基站安装在灯杆顶部。

第三,邮政物流设施规划。邮政物流设施作为农村电商的重要组成部分,需要完善乡村邮政所、农资站的综合物流服务功能,并建设具有符合村民需求的客运服务、农资及农产品仓储、日用品配送、快递配送等多种功能的综合运输服务站。每 1 个行政村官设置 1~2 个乡村综合运输服务站,服务半径建议在 3~5 千米,单个乡村综合运输服务站的服务人口建议控制在 3 万~5 万人,确保服务的质量与可持续性。

第四,有线电视设施规划。有线电视设施主要是为了满足乡村居民对有线电视的观看需求,有线电视设施主要规划的是有线电视的设施及线路。为提升其经济性,有线电视设施布线应尽量"短、平、直",以兼顾当下的设备架设及未来的更新维护;建议有线电视设施与宽带网络设施共建共享,从而加快其建设步伐,提高服务水平。

二、提升基本公共服务水平

(一)促进农民就业

促进农民就业可以通过提高就业服务水平、出台就业扶持政策和创造多元的就业岗位选择来实现。

1. 提高就业服务水平

建立覆盖城乡的公共就业服务体系,建立规范的就业服务制度,优化相关政府部门的行政效率和服务水平,提高地区行政管理和审批效率。地方政府要

建立就业岗位需求信息发布平台，确保相关信息的及时发布和更新，并组织开展线上线下多元化的系列就业指导，在线跨地区共享岗位信息；政府相关部门应及时、准确地通过大众知晓的公开渠道或官方权威平台向社会公布相应的政策清单、对应政策的申办流程和补贴标准，确保政策落实到位；政策服务人员应主动加强与当地农村流动劳动力之间的定期联系，并做好信息备案和分级分类服务工作。地方人力资源主管部门要统筹乡村人力资源，推动形成规范、有序、平等、统一的城乡人力资源市场，最大限度地发挥乡村现有劳动力的生产价值。尝试通过政府购买服务、适当引进第三方专业统筹管理的方式，通过绩效考核打分付费，提升地区整体就业服务质量。

2. 落地就业扶持政策

政府方面要建立健全城乡人力资源法律法规，出台农村劳动力就业指导条例，行政管理依法合规地保障农村劳动者和用人单位合法权益。针对该地乡村劳动力市场的管理，应纳入当地人力资源市场法律法规体系，进行监督管理，统一对农民就业情况进行登记和管理。依法合规，按章办事，提高乡村就业保障。要不断完善工会、企业和劳动者之间的协调机制，落实对乡村劳动力市场人力资源的就业服务，构建和谐稳定的社会劳动关系。做好人才激励、教育培训、资金奖补、职称评定、社会保险等相关就业保障扶持措施，有针对性地开展多种形式的乡村职业技能交流培训，定期组织开展乡村职业技能提升活动，充分运用当下"互联网+职业技能培训"模式，按照就业意向、区域特点和产业需求，开发一批线上培训课程资源，用以加强农民通用就业知识、专项就业技能、转岗转业等方面的培训。鼓励培训机构或培训平台与企业之间共同开展定向岗位、订单式人力资源就业创业技能培训，要对就业困难的乡村劳动力实行分类分级政策，有针对性地加强就业帮扶和指导。

3. 多元的就业岗位选择

改变以家庭为单位的小农生产方式，通过发展各种农业合作社、农机服务社、农业企业、农产品商会等乡村农会组织，发挥这些组织的积极作用，提高农业的组织化程度，重新组织起目前相对松散的农村生产力。通过组织和管理，提升优质农副产品的品质，丰富农副产品种类，发展农产品粗加工和相关农村民俗文化产业，提高农业生产的专业化分工水平和农副产品的附加值，延长上下游产业链，提高地区农产品的市场定价能力，进而扩大农业生产和服务领域

的就业机会。

抓住国家振兴乡村的历史机遇，以实施农村基础设施建设等项目作为带动，将农民剩余劳动力组织起来，引导参与农田水利设施修复、村庄道路建设和养护、人居环境的整治、乡村绿化美化等工程项目建设，吸纳更多农民参加就业。

积极发展乡村生产性服务业和农产品加工行业，吸引农民在农资供应、农机维修、农产品初加工、储藏保鲜、清洗包装以及物流运输等行业就业。

结合乡村传统特色农业与现代产业发展的要素，充分挖掘农业的多种功能和农村特有资源，借助网络平台发展农村电商，探索直播直销等新业态，推广当地优质特色农副产品，鼓励农民在乡村观光旅游、休闲农庄、农事体验、健康养生等民俗文化产业方面就业增收。

鼓励发展乡村养老育幼、家政服务、资源回收、流动商品等公益性服务业。鼓励开办家庭农场和特色农庄、兴办特色种植业和规模养殖业，鼓励农民在农业生产原料的加工与供给、农机设备的维修与保养和其他生产服务行业实现就业发展。

支持地区产业龙头企业通过临时性、季节性、弹性用工等形式，吸引返乡留乡农民工灵活就业。鼓励企业之间开展用工调剂、交替上岗、借调代岗或劳务派遣等多种形式，增加就业机会，实现返乡留乡农民工灵活共享就业岗位。支持企业延伸产业链和服务外包，吸引农民在农闲时参与加工、包装、运输等环节，实现农民临时兼业。

对通过市场渠道难以就业的农民工，整合各类资源，积极拓宽渠道，开发乡村保洁员、护路员、生态护林员等公益性岗位，托底安置就业。

（二）完善分配制度

完善分配制度包括科学制定再分配政策、健全分配制度和注重乡村经营。

1. 科学制定再分配政策：扩中、提低、限高

要持续完善以按劳分配为主、多种分配形式并存的分配制度，推进乡村经济分配制度改革，通过"提高低层收入、扩大中层数量、限制大部分收入最后只流入某个别人身上"，不断缩小收入贫富差距，形成中间大、两头小的收入分配格局。

通过建立农业产品定价差异化的制度,提高地区优质绿色农副产品的定价水平和定价能力,解决地区优质农副产品定价过低的问题。持续推进农业生产和销售过程中的信息化建设,提高地方对当地农副产品差异化分类和差异化定价的能力,建立健全收益分配制度,不断完善惠农利益链,促进农民增收致富。

2. 健全分配制度

通过科学地制定再分配政策,确保乡村收益与农民共享。在这个过程中要重点考虑一些能直接影响居民收入的因素,将其作为制定分配制度的参考因素,加强风险控制。要注重开发农业的多种功能,提升农产品价值、延长乡村产业链、完善利益分配制度,通过股份合作、利润返还、保底分红等多种利益分配模式,将全产业链的增值收益合理地分享给农民。

3. 注重乡村经营

要实现从"重视乡村建设"到"注重乡村经营"的理念转换。在基层实践中高度重视规划问题、用地问题、人才问题等要素的制约,抓好乡村建设,重视乡村经营,使农民短期收益和长远收益相结合,形成可持续发展的经营模式,保障农民长久收益,拓宽农民增收渠道。

(三)发展农村教育事业

教育是乡村振兴的基础,从长远来看,应把教育放在乡村民生振兴的首要位置。农村教育的内容应包括但不限于义务教育、文化教育、学历教育、职业教育、法治教育等方面,在此,我们仅就义务教育、文化教育展开论述。

第一,发展农村义务教育。推动以城市带动乡村,建立城乡一体、均衡发展、资源均衡配置的模式,整体推进城乡教育统筹力度,促进优质的教育资源从城市向农村流动。要全面改善乡村教育办学条件,加强寄宿学校的建设。重点推进农村小规模学校和乡镇寄宿学校标准化建设,关注学生的健康生长环境,实施农村义务教育"营养改善计划"。发展农村学前教育,加大体育健康教育,促进学生身心全面健康发展。大力普及高中教育,加大对上学困难的学生的资助,健全助学贷款制度,让绝大多数农村适龄青年能接受普通高中教育,努力让更多人接受高等教育。

第二,发展农村文化教育。充分认识到文化的重要性,在历史风貌、游客

服务、传统美食、乡村治理等各个方面都充分融入文化教育。立足于传统乡村文化，发动乡村民间艺人丰富文艺精品创作，发展文化产业，深入推进乡村精神文明建设。要将加强农村思想文化和道德建设、提升农民精神风貌、培育和发展乡风文明作为文化教育的重点。以社会主义核心价值观为引领，挖掘当地特有民俗文化等传统资源，采取符合本地农村特点的方式，宣传中国特色社会主义，弘扬民族精神和时代精神，加强爱国主义教育，不断提高乡村社会的文明程度。鼓励村民培养苦干实干、奋发向上的高尚生活态度，共建美好家园，营造乡村社会良好家风和淳朴民风。

（四）建设健康乡村

第一，统一城乡保障待遇。统一城乡基本医疗保障待遇，要建立城乡统一的、高效有用的医保支付机制和规范统一的医疗救助制度，提升医保资金使用效率和经办管理服务效能，提高乡村卫生服务机构的医疗服务水平。推广实施医疗保障待遇清单制度，采取医保目录管理，明确保障标准和待遇，统一医疗标准，并由省级人民政府监督，地方不得擅自更改。完善异地就医直接结算，深入推进支付方式的改革，在突发疫情等紧急情况时，确保医疗机构先救治、后收费，确保患者不因费用问题影响就医。

对重点救助对象和困难群众实施精准识别，科学确定救助范围，资助重点救助对象参加普通医疗保险，对困难就医群众进行医疗费用补助，一定程度上提供大病医疗救治费用补助，保障其就医机会。强化普通大病医保与一般医疗救助、基本医疗保险的三重基础保障，协同各类商业医保形成互补，提高重特大疾病的医疗保障水平，保障农村居民和城镇居民公平对等地享有相同的基本医疗权益。

第二，统一乡村医保目录。进行城乡居民医保目录（主要为医疗药品和医疗服务）的调整优化，要适应广大普通群众的基本医疗需求，适应临床技术进步，并遵循临床必需急需优先纳入医保目录的原则；医疗技术手段应适宜且安全有效，医疗成本要在基金可承受的合理价格区间内，同时考虑基金承受能力，明确药品和医疗服务支付的范围。

（五）加强农村社会保障

1. 农村养老措施

建立适合农村居民的基本养老保险制度，与农村的基本公共服务、农村特困供养服务、农村互助养老服务相互配合，形成农村基本的养老服务网络。

试点推动互助性养老服务，充分利用好乡村现有的人力资源，通过村集体和村委组织农村的低龄健康老人，为全部或部分丧失生活自理能力的高龄老人提供一些基本照料，依靠乡邻熟人社会之间的互帮互助，实现乡村的低成本、高效益养老。在这一过程中，给低龄健康老人提供一定的服务补贴，补贴资金由被照顾的老年人子女和政府共同支付。同时，将被提供服务的健康老年人的服务时间记录在案，将来可以根据此记录，使其获得相对应的同等的养老帮助。鼓励地区资源发展互助型养老服务，支持政府和公益性社会组织面向乡村失能和半失能老人加强公共服务设施的建设。

在一些有条件的乡镇，可建立一些具有综合服务功能、医养相结合的正规养老机构，作为乡村养老保障的补充。要求养老机构必须具备正规资质，要有正规的护理员和管理机构。

建立农村老年人协会，鼓励村集体建设用地优先用于发展乡村的养老服务，经常性地组织社会活动和文化交流活动，满足老年人的精神需求，提高农村老年人闲暇时间的生活质量。老年人之间频繁的交流活动，也是开展乡村互助养老的基础。鼓励有条件的乡村开发农村健康养老产业项目，将农村养老形成产业，带动地区乡村收益。

2. 覆盖基本保障

城乡统筹发展，健全乡村低保标准的动态调整机制，推进农村低保制度改革。全面实施农村老弱、病、残、孕等弱势群体的救危扶困制度，提升乡村社会机构的托底保障能力和救助服务质量。

应合理安置农村失业待岗人员，在有条件的地方要将当地农民工就业用工纳入社会保险的范畴。要求签订合同，建立农民工专项账户，鼓励为农民缴纳社保，覆盖农民工基本五险。

健全农村慈善关爱服务体系，地方应全面优化生育政策，覆盖和适当提高生育补助标准，保障农村生育妇女哺乳期的身体健康，并为婴儿的哺育和成长

创造良好的条件，倡导优生优育。定期对农村妇女儿童、孤寡老人和危困残疾人等重点弱势群体开展健康服务和疾病预防工作，以保证居民健康。设置基层社会管理服务岗位，引入社会团体和慈善机构专业人才，通过志愿者下乡等方式，关爱和服务农村老、弱、病、残、孕等弱势群体，提升乡村社会保障水平。

针对农村的低收入群体，逐步建立农村安全住房保障机制；将进城落户的农村转移人口纳入城镇住房保障等公共服务体系；对于未能落户的城镇常住农民工及其随迁家属，则应加大在教育、就业、医疗、养老和保障性住房等方面对其的保障性投入，使其得以享受与城镇居民等同的基本公共服务。

参考文献

[1] 王美玲,李晓妍,刘丽楠. 乡村振兴探索与实践 [M]. 银川:宁夏人民出版社,2020.

[2] 陈锡文,韩俊. 乡村振兴战略与路径研究 [M]. 北京:中国发展出版社,2021.

[3] 黄郁成. 城市化与乡村振兴 [M]. 上海:上海人民出版社,2019.

[4] 蒋高明. 乡村振兴选择与实践 [M]. 北京:中国科学技术出版社,2019.

[5] 张秋菊. 地方高校服务乡村振兴的路径研究 [M]. 长春:吉林出版集团股份有限公司,2022.

[6] 张孝德. 乡村振兴探索创新典型案例 [M]. 北京:东方出版社,2022.

[7] 肖凤良,唐元松,银锋. 新时代乡村振兴战略 [M]. 北京:光明日报出版社,2020.

[8] 姜晶,倪艳婷. 乡村振兴实践探索与典型案例 [M]. 济南:山东科学技术出版社,2021.

[9] 王智猛. 脱贫攻坚与乡村振兴的理论与实践 [M]. 四川大学出版社有限责任公司,2021.

[10] 孔祥智. 乡村振兴的九个维度 [M]. 广州:广东人民出版社,2018.

[11] 魏彬彬. 浅谈群众文化在全面推进乡村振兴中的作用 [J]. 农家参谋,2023(10):203-205.

[12] 李芳. 探究乡村振兴背景下的基层群众文化建设 [J]. 农家参谋,2023(10):7-9.

[13] 付晓丽. 以乡村经济多元化发展推进乡村振兴战略实施的研究 [J]. 中国市场,2023(06):38-40.

[14] 梁繁. 新时代乡村振兴战略下的小农户发展探究 [J]. 现代农机,2023(01):14-16.

［15］赵灼，刘春雷. 乡村振兴战略下缓解农村大学生就业压力的有效途径研究［J］. 南方农机，2023，54（02）：114-116.

［16］严华丽. 新发展格局视阈下乡村振兴战略研究［J］. 活力，2022（24）：90-92.

［17］姚瑶. 乡村振兴战略下农村籍大学生返乡就业创业研究［J］. 山西农经，2022（24）：167-169.

［18］温佩佩. 乡村振兴战略背景下乡村治理的维度指向与质量标准［J］. 农业经济，2022（12）：59-60.

［19］冯林杰. 高职教育服务乡村文化建设的路径与策略［J］. 山东商业职业技术学院学报，2022，22（06）：83-87.

［20］王家逸. 乡村振兴战略下农村基层党组织意识形态工作提升路径［J］. 经济研究导刊，2022（32）：21-23.

［21］张瑛. 乡村振兴背景下驻村第一书记制度运行机制优化研究［D］. 南昌：南昌大学，2022.

［22］蒋泽坤. 数字经济对乡村振兴影响研究［D］. 石家庄：河北地质大学，2022.

［23］李鸿. 乡村振兴背景下邮储银行 YC 分行农村金融业务发展策略研究［D］. 南昌：南昌大学，2022.

［24］陈伯晴. 乡村旅游助推乡村振兴的敦化市小山村案例剖析［D］. 长春：吉林农业大学，2022.

［25］乔翰. 龙井市脱贫攻坚与乡村振兴衔接机制、路径与对策研究［D］. 长春：吉林大学，2022.

［26］胡多. 乡村振兴背景下农村相对贫困治理研究［D］. 南昌：江西科技师范大学，2022.

［27］武水馨. 乡村振兴中农民主体作用发挥问题研究［D］. 泰安：山东农业大学，2022.

［28］金梦华. 乡村振兴背景下农村新社区公共服务供给对策研究［D］. 大庆：东北石油大学，2022.

［29］王晓晨. 乡村振兴战略背景下乡村文化建设研究［D］. 重庆：重庆邮电大学，2022.

［30］曲奕诺. 乡村振兴视域下乡村文化建设研究［D］. 青岛：青岛大学，2022.